アジア共同体と日本

和解と共生のために

殷燕軍・林博史
［編］

花伝社

アジア共同体と日本——和解と共生のために◆目　次

第Ⅲ部　東アジアの経済

第Ⅳ部　東アジアの歴史問題

写真提供：聯合ニュース（Yonhap News Agency）
毎日新聞社

序文　『アジア共同体と日本』の刊行にあたって

本書は、関東学院大学経済学部において開設された「総合講座　アジア共同体と日本」（講義・総合科目）の授業内容をまとめたものである。

この講座は、ワンアジア財団の助成を受けて、二〇一四年度と二〇一五年度の二年間開講するものであり、学生たちが、より広い視野から「日本とアジアとの共生」という課題、そして国際関係の諸問題を考えることを目指している。

ワンアジア財団は、「将来に向けたアジア共同体の創成に寄与することを目的」として設立されたＮＰＯ法人であり、日本、韓国、中国をはじめ世界の数多くの国の大学に「アジア共同体講座開設助成」事業をおこなっている。関東学院大学でも経済学部と文学部の教員が中心になって、財団の助成を得ることができた。あらためて財団ならびに財団関係者にお礼を申し上げたい。

近代史上から見てもアジアには、長い戦争の経験があった。第二次世界大戦後も、朝鮮戦争やベトナム戦争など、新たな世界大戦を引き起こしかねない地域戦争は続いた。平和は、アジアにとって無論のこと、人類社会全体の永年の願望である。

こうした平和の実現のために、地域共同体のよい見本を世界に示したのは、欧州である。欧州は過去二回の大戦の主戦場であり、深刻な戦争被害を受けていた。こうした経験をへて戦後、欧州諸国は相互の敵対関係を解消し、戦争の再発を防ぐ努力を進めてきた。その結果、一九九三年欧州連合（ＥＵ）が正式に設立され、二二年後の今日、すでに二八カ国が加盟し、共通の通貨や関税なしの貿易連合、ビザ無しの人的交流など、国を超えた結びつきを強めている。

ワンアジア財団の「基本理念」のなかでは、次のように述べられている。

「多様性を前提にして共生の道を歩むＥＵは域内の市民に多大な利益を与えており、二一世紀の多文化共生社会に向けてのモデルを追求しています。二一世紀を生きる個人にとっては、『国家』や『国民』という概念に縛られることなく、多民族・多文化で構成される市民社会の中で生きることが求められています。」

このようにＥＵは、東アジアの国々にも重要なヒントを与えてくれている。

「東アジア共同体」構想が提起されて一五年以上が経つ。そして、それは今日、日中韓三カ国の自由貿易構想（二〇〇二年提起、二〇一二年から交渉開始）、また東アジアを超えて、「Ａ

SEAN+3」や「アジア共同体」などを構想するまでに展開を遂げている。しかし他方で、東アジア共同体実現に向けてはまだまだ多くの難関が横たわる。そうした難関のなかでも大きな課題が、歴史認識問題と領土問題、安全保障問題である。東アジア諸国はいかにこれらの問題を乗り越え、各国の人々に地域共同体の恩恵をもたらし、アジア地域に安定、平和と発展をもたらすことができるのか、共通の課題を抱えている。

アジア共同体の構築にあたり、なによりも先にアジア同士の和解が必要であろう。かつて敵国であった東アジア諸国が過去の戦争と植民地支配の歴史を直視し、冷静かつ現実的な思考により、国家間・国民間の和解と相互理解を実現していくことが必要であり、そのために学生諸君とともに考えていくことは本講座の重要な課題の一つである。各国の民衆、特に青年たちが、過去の歴史を鏡にし、未来志向で平和かつ安定的な地域関係を作り上げるために、協力し合うことは大事である。

ワンアジア財団は「基本理念」のなかで、活動の趣旨を次のように述べている。

「当財団は、将来に向けたアジア共同体の創成に寄与することを目的としています。そのために、アジア各国の幅広い経済・教育・文化交流および市民交流を通じて、共通の価値観を醸成するとともに、アジア各国市民の相互理解および交流促進に向けた活動を行います。これらの活動が目指す目標は、豊かで平和で安全なアジア共同体を創り、人々が夢と希望をもって快適に生きることにあり、さらには世界の平和と安定につなげて行くことにあります。」

現在の政治・経済・文化など様々な分野において、アジアは、世界に最も注目される地域のひとつである。東アジアは、世界のなかでも最も活気が溢れる地域の一つであり、日本、中国、韓国など先進国あるいは先進国に向けて急速に発展している国々が集まっている。経済の高度成長は著しく、アジアの新興国と呼ばれる国々は、世界経済の重要な牽引役を果たしている。

しかし同時に、「アジア社会は文化的・歴史的・社会的に共通性・親和性を有している一方、多様で異質的な側面も多く含んでおり、アジアの近・現代の歴史には、国家の壁・国境の垣根を乗り越えることができず今日に至っていることは否めません」（同「基本理念」）と認めざるをえない。また安全保障においては、残念ながら、領土問題や安全保障をめぐる認識の相違から依然として相互に不信感と、時には敵意が存在している。

グローバル化と情報化の進展はアジア諸国の社会にも社会秩序や価値判断、そして行動様式にいたるまで劇的な変革をもたらそうとしている。事実、価値観の違いや文化の違いなどは、もはや地域協力の障害ではない。だが一部の人は、価値観や社会制度の差異を取り上げ、一致する分野だけは協力できるようなことを強調しているが、これは妥当だろうか。

アジアでは政治・経済・文化だけでなく、様々な分野で国境・地域を超えた協力関係が樹立され深化しつつある。異なった文化や違った価値観を包容しあい、より建設的な地域共同体を実現することは、今の時代、そして将来の世界に求められている。関東学院大学の「総合講座アジア共同体と日本」は、こうしたワンアジア財団の趣旨を共有して開講しているものである。

アジアおよび世界の大きな潮流の変化の中で、アジア共同体の創出とその実現に向けての草の根活動は、アジア諸国間の和解と緊張緩和に一役を果たし、アジアのみならず世界の平和と安定、発展に貢献できると信ずる。

「総合講座　アジア共同体と日本」では、関東学院大学の教員を主体にしながら、さらに中国や韓国から大学教員を招いて、アジアの問題、例えば、戦争と平和の問題、歴史認識問題、ナショナリズム、経済関係、言語・文学、前近代の東アジアなど、今日論争ともなっている諸問題を多角的に取り上げ、また近代の植民地化と戦争の背景となった西洋の文明化についても検討を行っている。そうした授業を通じて、アジア共同体の展望を議論している。

この講座を担っている関東学院大学の教員たちは、これまでも共同で研究を積み重ねてきている。二〇一〇年度からは関東学院大学総合研究推進機構の戦略的プロジェクトとして、「東アジアにおける安全保障の研究」を、二〇一三年度からは三年間のプロジェクト研究として「東アジア（とくに日中韓）の安全保障と近代化のあり方に関する研究」をおこなっている。日本の戦争責任、米軍基地と植民地主義、自動車産業における生産・開発の現地化、近代における安全概念、沖縄問題、前近代中国の冊封体制、南北朝鮮の経済協力関係、古代東アジアの国際交易、など多様なテーマを取り上げながら、「今日、東アジア共同体はいかにして可能か」ということを考え議論を積み重ねてきた。こうした研究成果を授業のなかで学生たちと共有することも本講義の一つの目的である。

「総合講座　アジア共同体と日本」は、初年度は二〇一四年度の秋学期に計一五回の授業をおこなった。目標としては、すでに開設されている講義「アジア地域研究」や総合講座「平和研究」をふまえて、「アジア共同体と日本」をめぐる知識を習得するとともに、歴史、政治経済、社会文化、思想などの視点からアジア各地域が抱えている諸問題を多面的に分析し、それを通してアジア共同体の必要性や方向性、日本との関係などについての認識と理解を深めることを掲げた。

また二〇一四年一〇月には授業に加えて、中国と韓国の研究者を含めて国際シンポジウムをおこなった。アジアの現状や、日米中関係、そして経済発展に伴う日中関係の変化などを討議し、諸問題に関する認識を深めていった。

本書は、二〇一四年度の「総合講座　アジア共同体と日本」講義内容を中心に、秋学期に開講予定の二〇一五年度の内容も加えて、構成したものである。大学の講義としては二年間だけであるが、その内容は今後も、広く学生・市民のみなさんとも共有できるものであると信じ、このような形で出版することにした。

本書の刊行にあたっては、ワンアジア財団からの研究助成を活用させていただいた。総合講座の開設助成と合わせて、あらためて謝意を申し上げたい。また出版を引き受けていただいた花伝社の平田勝社長にもお礼申し上げる。

本書が、日本を含めたアジアと世界の諸問題について、より多くの関心と議論を喚起し、広い視野と開かれた心情で考え、平和で友好的な東アジアを実現する一助になれば幸いである。

二〇一五年八月一日

編者を代表して　殷　燕軍

第Ⅰ部　アジア共同体の可能性

第1章　アジア：和解、共生、そして共同体へ

殷　燕軍

はじめに

人類数千年の文明史には、国家の間に争いや戦争が絶えなかった。国家を乗り越えて、共同体のなかで平和に、幸せに生活することは人類社会の長き願望である。これが実現しようとしているのは、まず欧州共同体である。紆余曲折はあったものの、この共同体はすでに二十年以上も存在している。ヨーロッパは一九世紀以来、世界の中心的な存在であり、ヨーロッパの主要国＝英仏独などは、世界の主要な大国である。かつて二回の世界大戦は、共にヨーロッパから勃発し、ヨーロッパを主戦場とした。しかし戦後、戦争同士と敵対関係であったヨーロッパ諸国は経済発展や社会の安定など共通利益のために、敵対関係を解消し、和解を実現させたのだ。

他方、アジアでも、日本とアジアの多くの国とは、かつて敵対し戦争相手であった歴史もあ

る。和解と共同体作りという欧州の姿は、アジア諸国に多くのヒントを与えてくれる。アジアは欧州を真似できないか、は一関心事である。グローバル化が進む今日、アジアにも欧州のように、地域共同体を創り、地域協力体制を構築する必要性は誰も否定できないであろう。さらに欧亜大陸間の共同体など、更なる協力関係の構築を成し遂げることもただの夢ではなく、現実的に期待される。

一、欧州統合からヒントを

第二次世界大戦後の欧州は、戦後復興という課題を抱え、かつての敵国——仏、(西)独、伊が、ベネルクス三カ国を仲介役としながら、一九五一年にまず欧州石炭鉄鋼共同体を形成し、五八年欧州原子力共同体と欧州議会、欧州経済共同体(EC)の設立をへて、六七年の欧州委員会、ヨーロッパ共同体の発足につなげていった。

「今日の東アジア統合のアナロジーを、昨日のヨーロッパに求めた時、見えてくるのは、地域共同体が、三つの条件を共有しながら作られていく現実である。すなわち、共通の脅威、共通の利益、共通の価値観である」(近藤栄一、二〇〇七年)。だとすれば、東アジアにおいてこれらの条件を揃えるために、大きな努力をしなければならない。というのは、この地域の状況をみると、共通の利益が存在する一方、共通の脅威は相互不信と戦争の危険性である。だが共通の価値観という部分の共有は、必ずしも簡単に見つからない。むしろ価値観の相違による対立は目立つ。これを乗り越えなければ、地域共同体の構築は難しい。当然、この三条件は、必ずしも絶対的なものではない。

いま社会主義体制の中国は、多くの資本主義体制の国、すなわちシンガポール、スイス、ニュージーランドなどと自由貿易協定を結んでいる。またオーストラリア（二〇一四年一一月）や、韓国（二〇一四年一二月）と交渉妥結の意向書を署名するなど、二〇一五年にはFTA協定を結ぼうとしている。これらは、まさに体制や価値観を超えた国同士の共同体形成の第一歩であろう。欧州共同体もまさにこのような第一歩を踏み出してからの産物であった。

ここでは戦争の和解のため、欧州のやり方を見て考えよう。二〇一三年一月二二日、ドイツとフランスは「独仏協力条約（エリゼ条約）」の調印から五〇周年を迎えた。これは戦後の仏独両国の和解の土台となった文書である。

「隣国同士の歴史的関係は複雑になりがちで、独仏も例外ではなかった。第一次、第二次の両世界大戦で破滅と苦難を経験した。ナチ体制による熱狂と苦痛に満ちた戦争体験の後、両国が和解するには、ドゴール元仏大統領、アデナウアー元独首相のような勇気と長期的視野、雅量を備えた政治家が必要だった。彼らは両国は宿敵ではなく、平和と繁栄を生み出す運命にあると考えていた。

一九六三年に署名されたエリゼ条約も、その後の両国民の誠意と努力がなければ、各国の史料館に所蔵されたままの外交文書になっただろう。友情は宣言では生まれない。幅広い草の根交流や互いの言語の習得が不可欠になる。

両国政府は仏独青少年事務所を六三年に創設、七五〇万人の若者が隣の国を知った。言語を学ぶ組織が数多くでき、九〇年に仏独二カ国語放送局、九七年には独仏一八〇の大学が参加する「独仏大学」が設立された。独仏の学校は最もつらい時期を含め全歴史を描いた共通の教科書を使用する。姉妹都市提携数は二二〇〇以上にのぼる。防衛分野では八九年に独仏合同旅団が創設され、六千人の軍人が活動。いまや欧州合同軍の必須の部隊である。

両国を隔てるより結びつける要素が多くなったのは史上初めてだ。意見や利害の違いを軍事力で解決するという方法は、もはや考えられない。

この五〇年を振り返ると、仏独ともに将来に向けた責務を一層感じると同時に勇気づけられもする。両国は欧州統合のエンジンとなったし、そうあり続ける。国境の撤廃、共通の通貨、居住の自由など今日の欧州市民が享受している恩恵は、独仏の協働なしには考えられない。独仏両国民は今後もこの道を歩んでいく。対立がもたらす代償がいかに大きく、和解から得られる利点がいかに大きいかを、歴史の教訓から知ったからである」。（フォルカー・シュタンツェル駐日独大使／クリスチャン・マセ駐日仏大使(1)）

二、アジア和解は共同体の条件

前述のように、アジアは、二回の世界大戦とは無関係ではない。第一次世界大戦前に、日清戦争や日露戦争を通じて列強入りを果たした日本は、一九一〇年八月武力により、朝鮮半島を「併合」し植民地にした。その後、日本の敗戦までの三五年間、朝鮮に対する植民地支配が続いた。また日清戦争後、日本は中国に対し、台湾割譲と山東半島の武力占領、東北地域（旧「満州」）の特権保持など、武力による強圧の歴史があった。

また一般的には一九三九年九月のドイツによるポーランドの侵攻を第二次世界大戦の始まりとしているが、これより八年間も早く、日本が、一九三一年九月一八日に中国東北に侵略戦争を引き起こした。所謂「満州事変」である。中国では「九・一八事変」と呼び、日中間の「十五年戦争」の発端となった。つまりアジアでの大戦は、八年も早く勃発したのだ。また一九三七年七月七日、中国北京郊外にある盧溝橋にて日本軍が中国軍と衝突し、日中全面戦争に発展させて一九四五年の日本敗戦まで八年間も続いた。この間一九四〇年九月、日本は独伊と三国軍事同盟を結び、いわば「枢軸国」ができた。日中戦争はまさに第二次世界大戦の一環である。一九四一年一二月八日、真珠湾攻撃をきっかけに、日本が太平洋戦争を引き起こした。対米戦を敢行した理由は、日中戦争をめぐる対立で、米国が日本の対中侵略を非難し、経済制裁を加えたからである。

他方、一九四二年一月、米中英など二六の国が連合国を結成し、対独日伊戦の続行と相手の無条件降伏を迫ることを宣言して戦った。やがて伊独の敗北が続き、一九四五年八月日本も余儀なくポツダム宣言を受諾し、無条件に降伏した。その結果、カイロ・ポツダム両宣言に基づき、日本は台湾等を中国に返還し、朝鮮独立を認めさせられた。この戦争でアジアには数千万人も上る犠牲者がでた。世界史上の大惨事である。これは、アジアの近代史的事実である。ヨーロッパと同じように、アジア共同体を作るためには、何よりも先ず戦争同士の和解、また植民地支配側と被支配側との清算は、先決条件であろう。

三、アジア諸国は脅威と利益を共有すべき

いまアジア地域において、最重要な課題は平和である。かつての大戦はアジアに大きな損失を出させた。アジアのすべての国にとって、いかにして平和を維持し、戦争を回避すべきかは、最大の目標であろう。

1. アジアの脅威とはなにか

アジア、特に東アジアの国々にとって、共通の脅威は、隣国間の対立と不信、そして戦争勃

発の危険性である。戦争経験を生かし、二度と戦争を繰り返してはならない決意が重要である。かつての敵対国同士こそ、戦争を回避するための知恵を絞らなければならない。

確かに東アジアの日中韓三カ国には、課題が多い。まず、領土問題の存在である。日中の間には、釣魚島（日本名「尖閣諸島」）をめぐる係争点があり、日韓の間には、竹島（韓国名「独島」）をめぐる係争点がある。これらの領土問題の存在は、それぞれの国民が相手国に対する悪感情を抱き、マイナスな影響を与え続けている。しかも主権と国益を絡み敏感な課題として、戦争に発展しかねない危険性がある。

また、日米安保体制と台湾問題[2]との関わりは、中国からみれば、「コア的な国益」＝主権への脅威と感じる。他方、中国経済の急成長や軍事力増強に対する警戒心から、日本側も中国の脅威を感じている。そして日韓の間には、北朝鮮問題があり、南北統一を目指す韓国が日朝関係の動きを神経的に見ている。

日中韓三カ国はまず、この脅威を真剣に議論し、解消法を考えるべきである。各国間には確かに諸問題が存在しているが、何よりも「戦争回避と平和を守る」という課題に最優先に取り組むコンセンサスを持たせるべきであろう。この脅威はまさに相互不信から生まれるものだ。領土問題など国益の根幹に関わる利害関係は、いかに調整し、相互尊重するか、ルールづくりが必要である。

2. 利益の共有

日中韓の経済利益は過去最大となっており、各国に大きな現実的利益を与えている。日韓にとって、中国は最大の貿易国である。二〇一四年、中国自動車市場（販売量は世界最大の二三四九万台余り）だけを見ると、中国で一年間に売れた日系車は三五二万台余りであった。[3] また二〇一三年に韓国国内では一三七万台に対し、中国市場で販売された韓国車台数は一七九万台余りに達している。これらの数字で分かるように、日韓にとって、中国市場が重要である。そして中国にとっても二〇一三年日韓は、第五位（三一二五億ドル）と第六位（二七四二億ドル）の貿易パートナーである。[4] また日韓貿易もそれぞれにとって、中国、アメリカに次ぐ第三の相手国である。[5] さらに日中間三カ国は、ＧＤＰでも貿易額でも大きなウェートを占めており、二〇〇九年以後は日本でも対米依存度よりも対中依存度が高くなってきている。[6]

日中韓三カ国間の人的交流も、観光客を中心に増加傾向にある。特に中国から日韓への観光客は年々大幅に増加し、買物意欲旺盛の中国人観光客[7]は日韓経済に大きいプラス効果をもたらしている。

日中韓三カ国の経済力は東アジアばかりではなく、世界経済にとって極めて重要な牽引力であり、三カ国の経済協力も各自の利益ばかりではなく、アジア、そして世界にも大きな利益をもたらしている。

3. 日中韓三カ国にある共通の歴史と文化的要素

まず漢字文化と歴史的な繋がりが挙げられよう。

歴史的な経緯により、日中韓では、千年に亘り、漢字や儒教文化等が共有され、互いに文化交流の影響が大きい。またこのような文化的共通財産によって、相手国の思想、哲学、そして基本的な物事の考え方を他の地域や国の者よりも、深く理解できるはずだ。このような、三カ国間の共通の文化財産を生かして、関係の安定発展に役立てるべきである。たとえ言葉が通じない人同士でも、漢字を媒体にして筆談でき、意思疎通ができることも共通の文化財産の実例である。

四、戦後アジアにおける関係再構築の道程

1. 冷戦で深い溝

しかし戦後長い間、冷戦や内戦によって、東アジアの国、中国と朝鮮半島では、共に分断と両政権の共存があった。

① 中国の場合

戦後間もなく中国革命と一九四六—四九年の内戦によりかつての与党国民党は完敗といった結果となり、中国大陸において共産党指導の中華人民共和国政府が設立した。他方、旧政権勢力（国民党）は、台湾などに逃げ込み、「中華民国」といった旗印を降ろさず、米国の援護の元、台湾海峡を利用して大陸と対立している。こうして「二つの中国」が出現するようになったのだ。米国のアジア政策には、東西冷戦構造や朝鮮戦争での米中対決などの影響が大きい。

② 朝鮮半島の場合

戦後米ソ占領下の朝鮮半島においては、南の大韓民国と北の朝鮮民主主義人民共和国がそれぞれ成立し、三年間の朝鮮戦争（一九五〇年六月—一九五三年七月）で、北緯三八度線を挟んで分断国家の構図は固定されてしてしまった。

つまり東アジアの枠組みは、このような分裂構造と国際関係の硬直化に大きく決められたのである。アジアの冷戦構造は、「米日韓」vs「ソ中朝」となり、最初から日中講和はなく、過去を清算し和解になる状況はなかった。日韓の「日韓基本条約」も植民地支配に対する清算はできなかった。

2. 日華平和条約と日韓基本条約の性格と問題点

敗戦後、日本にとって、隣国である中国や朝鮮半島と、どのような関係を結ぶべきかは、大きな課題であった。残念ながら双方とも順調ではなかった。

日中関係

中国革命により、中国大陸で新政権が誕生し、台湾に逃げ込んだ旧政権勢力は台湾政権になった。朝鮮戦争で米中対決のなか、米国は、日本が中国との関係を正常化することに強く反対し、台湾政権と関係を結ぶよう強要した。だが日本としては、歴史的に中国との密接な繋がりもあり、中国の現状を無視するわけには行かない。新中国とは、すぐに関係改善できなくても、せめて今後の関係正常化に一定の余地を残そうとした（吉田茂『回想十年』新潮社、一九五七年）。一九五一年米国主導の対日講和条約も、すべての連合国との「完全講和」はできず、中国排除、ソ連等無調印の「片面的」な「多国間対日講和条約」になった。日本はこの講和条約を通じて米国の占領から独立したが、台湾政権と関係を結んだ結果、中国との関係は、改善するどころか、対立状態となってしまった。

しかも、台湾と結んだ「平和条約」（以下日華条約）は、条約の性格や全中国への有効性などが当初から疑問視された。「条約適用範囲条項」により、同条約は中国大陸には適用しないと明言している。加えて中国政府は最初から日華条約の有効性を否定したため、日華条約の存在が日中関係正常化を不可能にさせたものになる。こうして一九五二—七二年の二〇年間、政府関係はなく、少し貿易があっても、一般民衆間の接触はなく、日中間の和解もできなかった。

一九七二年、日中国交正常化交渉において、中国側は、日華条約の破棄を正常化の前提条件とした。妥協の末、日本政府は、中国政府が提起した復交三原則を尊重する立場に立ち、「日華条約を終了させ」、中国との国交正常化を実現した。日華条約は、その「存続の意味がなくな」ったのだという。その後、日中間では平和友好条約を結んだものの、双方とも認める講和条約は、いまも存在していない。ようやく実現した国交正常化は、国民レベルの和解が実現できたとは言えない。

日韓基本条約

一九五三年以後、日韓両国は関係正常化のための政府間交渉を始めたが、最初から日韓併合条約の有効性（植民地支配）や補償問題などで対立し、交渉は断続的に長引いた。その後、米国の圧力の元、十年以上の交渉を経て、一九六五年にようやく日韓基本条約を結び、国交を樹立したが、上述のように植民地支配の認識や補償に関する立場の隔たりは大きい。他方、日本と北朝鮮との関係は棚上げされ、今日も和解と関係正常化は実現できず、対立したままである。

このように、戦後日本と隣国との関係改善への道程は、紆余曲折であり、今日も楽観できない状況である。

五、関係改善と日中韓の葛藤

東アジアにおいて、現実的な衝突や歴史問題が少しでも起こったら、国家関係が揺れる。これは日本と中韓関係において、証明済みである。日本と中韓などの間に歴史認識に関するトラブルは繰り返し発生し、終わらない。一九九三年八月一五日の終戦記念日、衆議院議長の土井たか子氏は、「私たちの過ちによって惨憺《さんたん》たる犠牲を強いられたアジアの人々との和解を私たちは手にしていない」と述べ、日本とアジアとの和解はまだ実現していないという認識を示した。一九九五年八月村山富市首相は、「戦後五十年に当たる村山談話」を発表した。「わが国は、遠くない過去の一時期、国策を誤り、戦争への道を歩んで国民を存亡の危機に陥れ、植民地支配と侵略によって、多くの国々、とりわけアジア諸国の人々に対して多大の損害と苦痛を与えました。私は、未来に誤ち無からしめんとするが故に、疑うべくもないこの歴史の事実を謙虚に受け止め、ここにあらためて痛切な反省の意を表し、心からのお詫びの気持ちを表明いたします」と。その後歴代内閣はこの「村山談話」を日本の基本的立場として踏襲する姿勢を示している。[8]

前述のように、日韓基本条約で解決できなかった韓国に対する植民地支配の謝罪問題については、韓国側は長い間、不満を持ち続けている。一九九八年一〇月「日韓共同宣言—二一世紀に向けた新たな日韓パートナーシップ—」では、「小渕総理大臣は、今世紀の日韓両国関係を回顧し、我が国が過去の一時期韓国国民に対し植民地支配により多大の損害と苦痛を与えたという歴史的事実を謙虚に受けとめ、これに対し、痛切な反省と心からのお詫びを述べた。金大中大統領は、かかる小渕首相の表明を真摯に受けとめ、これを評価すると同時に、両国が過去の不幸な歴史を乗り越えて和解と善隣友好協力に基づいた未来志向的な関係を発展させるためにお互いに努力することが時代の要請である旨表明し」、歩み寄りが見られた。

また、一九七二年の日中共同声明では、「日本側は、過去において日本国が戦争を通じて中国国民に重大な損害を与えたことについての責任を痛感し、深く反省する」と戦後外国との外交文書に初めて日本の戦争責任を認めた。一九九八年一一月「平和と発展のための友好協力パートナーシップの構築に関する日中共同宣言」では、「双方は、過去を直視し歴史を正しく認識することが、日中関係を発展させる重要な基礎であると考える。日本側は、日中共同声明及び一九九五年総理（村山）談話を遵守し、過去の一時期の中国への侵略によって中国国民に多大な災難と損害を与えた責任を痛感し、これに対し深い反省を表明した」との記載がある。ただ日韓共同宣言と同じく「心からのお詫び」の内容はなかったため、中国側に不満が残った。

一九八〇年代から、教科書問題[9]や靖国参拝、慰安婦問題などが起こったことで、日本と中韓との関係が揺れ、歴史問題をめぐる対立は未だに解消できていない。その理由としては、歴史認識について政府首脳の前後の言動が一致しないことなどにより、相手国の対日不信が起き易いことが挙げられる。

例えば、靖国参拝はその実例である。戦争を反省しながら日本首相は戦犯を祀る施設を重ねて参拝する。これは近隣諸国、とりわけ中国や韓国の国民感情を刺激し、対日不信感が募った結果になる。日本側は靖国参拝が内政問題で、外国から言われる筋はないと拒否反応を示しているが、隣国から日本の侵略戦争の責任は誰が負うべきかと問われる。

第二次世界大戦時、「皇軍」と呼ばれた日本軍は、アジアの国々に多大な損害と多くの犠牲者をもたらしたことは誰も否定できない史実である。東京裁判でA級戦犯として裁かれた者は正にその戦争責任を負う者であるので、戦犯を祀る地への参拝は、イコール侵略戦争を肯定する態度だと中韓は見ている。

また河野談話[10]に関わる動きも、関係国の不信を引き起こす結果になる。二〇一四年六月二〇日、日本政府は「慰安婦問題を巡る日韓間のやりとりの経緯——河野談話の作成からアジア女性基金まで」を発表した。これに対し、韓国の趙太庸外務次官は六月二三日、別所浩郎駐韓国大使を呼び、安倍政権が公表した河野談話の検証結果について「強制性を認めた談話を無力化させようとしている」として、今後国際社会への訴えを強める方針だと抗議した。中国外交部スポークスマンも二一日、「〝慰安婦〟問題は、第二次世界大戦中に、日本軍国主義がアジア被害国人民に侵した厳重な犯罪であり、いかなる人も否定できない歴史的事実である。日本側が、歴史を正視し、深く反省して、責任のある態度で国際社会に対応すべきだ」と発言している。これらから分かるように日中韓の間に隔たりが大きい。

和解とは、心と心との通い合うことである。国民が互いに理解し合うために、まず加害側の誠意のあるお詫びと謝罪、そして誠意を表すための（双方も納得しあうような）補償を支払うことが求められる。

他方、加害側の誠意ある行動に対し、被害側がこれを受け入れる。双方は過去の戦争歴史に関して、相手の国民感情を刺激しない行動と措置を取ることは和解の第一歩である。

問題は、日本と隣国の間に、歴史認識についてのコンセンサスがいまだにできていないことだ。過去の戦争をいかに総括すべきか、戦争責任のとり方や戦後補償、戦争の傷痕を癒すべく措置など、意見が一致しない。そもそも過ちを認めた以上、これをひっくり返さないことも相手国との真の和解に繋がる。

欧州諸国が互いに「宿敵ではなく、平和と繁栄を生み出す運命にあると考えていた」のと同じように、日中韓も同様な考え方を持つべきである。また「友情は宣言では生まれない。幅広い草の根交流、対話や互いの言語の習得が不可欠になる」と認識すべきだ。日中韓には、このような草の根交流やコンセンサス作りへの努力が求められている。

六、善悪要素は同時存在

1.「平和」こそ最大の共通利益

東アジア共同体が求めるものは、ただ単に経済利益だけではない。最も大きい利益は地域の平和と安定であり、平和への脅威から解放されることである。これはアジア各国の共通利益であり、各国益の最大公約数でもある。平和と安定により地域社会にもたらした貢献は計り知れないほど大きい。平和と安定がなければ、経済発展や社会安定、国民生活も成り立たない。どの国も同じだが、「平和国家」を自負するなら、先ず平和への努力は人よりも倍にしてやらなければならない。「仮想敵」作りや「脅威論」煽りではなく、軍事同盟強化でもない。如何にして相手の不信感を取り除くか努力をすべきである。このような努力が日中韓三カ国には欠けている。

信頼醸成への努力

相手国のことをより良く理解するために、国民間の交流や相手国のことを偏見なく正確に伝えることが重要である。学者やマスコミは相手国のことを公正に伝えているのか、その責任が問われる。相手国のことを自己本位や都合のよい解釈をすると、相手国の正体は見えない。信頼醸成に逆効果である。相手のことを客観的に評価することは国同士の相互理解の基本であり、信頼醸成の前提条件である。

また各国のコア的な国益に対する相互尊重は重要である。領土問題はすぐには解決できないが、主権凍結をし、共同開発等により共通の利益を生み出す姿勢が求められる。過度に自国利益を強調しても、生産的ではなく、問題の解決にも繋がらない。各自の事情は異なるため、相手を刺激する言動を避けるべきであろう。相手国を「仮設敵」にする場合、換えて相手国にも自国を敵国視される羽目になる。このように敵対関係を作るよりも、いかにして敵を友に化せるか、その努力を求められる。

経済利益や文化交流は共通点の最大化

冒頭で述べたように、アジア共同体に先ず経済と文化交流を通じて、利益の最大化を図る。いま三カ国間の経済関係は、三カ国の国民に実質的な利益をもたらしている。このグローバルの時代に、互いに相手国の市場や経済協力が不可欠となってきている。

2. 情勢変化に対応し共存を図る

近年アジアにおける国際情勢は、大きく変化しているが、日中韓の間には、真の和解はまだ実現していない。米国の力は相対的に低下していくなか、台頭している中国の急成長は目立つものがある。かつて日中韓の経済的な格差も徐々に縮められてきた。また東アジアにおける垂直的な経済分業も対等的なパートナーとなった。さらに多くの商品分野において、日中韓より市場競争は激しくなりつつある。中韓と日本との間の経済的な実力変化が見られる。日中韓三カ国が、如何にして共存の道にWIN-WINの結果をもたらすかは課題である。

むすび

東アジア共同体を作るためには、共通利益の最大化と信頼醸成が必要である。いまそのコンセンサス作りに取り込む段階にある。地域内の各国専門家により共通の目標を作り、共同発信すべきである。

多様性のあるヨーロッパをひとつに結びつけるため、五〇年以上も費やした。その結果EU統合はできた。これは強い協力的意思に基づき、文化的、政治的な違いを乗り越えたからである。しかし東アジア諸国にはこのような意思がいまだに薄い。また、東アジアの地域統合の試みは現段階、経済的な面に偏っている。EUの場合も最初、経済統合であったが、徐々に国家を超えた安全保障枠組みなど、地域統合のため重要視された。東アジアは、いま経済面からアプローチしているが、多くの政治体制の違いや安全保障に問題が残る。ヨーロッパにおいて国家という概念が戦後相対化したヒントがあるが、東アジアでは、国家はいまだに絶対的存在である。ヨーロッパで、国への忠誠心の強化を狙うナショナリズムに対する疑問が強いのに対して、東アジアでは、逆に国への忠誠心を強化する動きがある。言わば東アジアに冷戦思考がいまも続いており、地域統合の障害になる。日中韓はもはや冷戦思考を捨て、国民間の真の和解を求め、平和への誓いを求めるときである。

共同体は、アジア諸国にもたらす利益が大きい。まずは対話と協力を通じて何よりも平和と地域安定という共通利益を求める。そして経済的、文化的利益を最大限に引き出せる。これらによって共同体を強固なものにするための基礎と潤滑剤となろう。アジア共同体は決してただの夢ではなく、そう遠くない将来、アジアが歩むべき筋道であろう。

参考文献
殷燕軍『日中講和の研究—戦後日中関係の原点』柏書房、二〇〇七年
殷燕軍『日中国益の融和と衝突』日本僑報社、二〇〇八年
進藤栄一『東アジア共同体をどうつくるか』ちくま新書、二〇〇七年
鈴木隆『東アジア統合の国際政治経済学』国際書院、二〇一一年等々

注
（1）「朝日新聞」二〇一三年一月一八日付朝刊。
（2）台湾問題は一九四九年中国内戦の結果として発生し、六〇年余り続き、国際的に中国の「内政問題」とみながら注目されてきた。外部の関与（日米安保もその一つ）とされる。
（3）中国「盖世汽車网 Martin Shi」二〇一五年一月九日。http://auto.qq.com/a/20150109/007646.htm
（4）中国『国際商報』二〇一四年三月二日。
（5）外務省アジア大洋局日韓経済室「韓国経済と日韓経済関係」平成二六年一二月。

（6）日本の対中貿易依存度は、九九年の九・一％から、〇九年には二〇・五％と急上昇している。これに対して、日本の対米貿易依存度は、二七・一％から一三・七％に急降下しており、いまでは対中貿易依存度が対米のそれを大きく上回っている。日本の対中貿易は、日本のＧＤＰの四・六％であり、対米のそれは三・一％である。山本吉宣『日米中関係の中長期的展望』日本国際問題研究所、二〇一二年、四三頁。

（7）二〇一三年一〇月の観光庁統計によれば、日本滞在中の支出額も中国人客は韓国人の約二・六倍に相当する一人平均一七万二六九六円。相変わらずの猛烈な消費・買物パワーである。また二〇一三年韓国を訪れた中国人観光客は三九二万人で国別では最も多い。

（8）二〇一四年三月一四日、参議院予算委員会において安倍首相は「歴史認識については、戦後五〇周年の機会には村山談話、六〇周年の機会には小泉談話が出されている。安倍内閣としてはこれらの談話を含め、歴史認識に関する歴代内閣の立場を全体として引き継いでいる」と明白に示した。

（9）一九八二年、日本の歴史問題に関する教科書の対中侵略に関する表現をめぐり、中国側が抗議するなど歴史認識に関する両者の対立は目立つようになってきている。

（10）一九九四年八月河野官房長官は「慰安所の設置、管理及び慰安婦の移送については、旧日本軍が直接あるいは間接にこれに関与した」「慰安婦の募集については、……甘言、強圧による等、本人たちの意思に反して集められた事例が数多くあり、更に、官憲等が直接これに加担したこともあったことが明らかになった。また、慰安所における生活は、強制的な状況の下での痛ましいものであった」「われわれはこのような歴史の真実を回避することなく、むしろこれを歴史の教訓として直視していきたい」としたが、二〇一三年二月に安倍内閣は閣議決定により、「（慰安婦）強制連行を示す証拠はなかった」と河野談話を否定した。

第2章　日韓関係とアジア共同体の形成
——韓国からの視座

河　棕文

一、日本軍「慰安婦」問題の新展開

1．韓国憲法裁判所からのうねり

二〇一一年八月三〇日、韓国の憲法裁判所[1]は歴史に残る画期的な決定を下した。一九六五年の日韓協定の締結以来、外交的保護権を怠った韓国政府の営みは「違憲」であると、日本軍「慰安婦」被害者の訴えが受け入れられたのである。二〇〇六年七月、「慰安婦」被害者一〇九人が韓国挺身隊問題対策協議会[2]（以下、挺対協）とともに憲法裁判所の門を叩いてから、五年後の快挙であった。当然ながら、この判決は大きな影響を与えた。日本政府のみならず、韓国政府もそれまでの認識と対処方を全面的に見直さざるを得なくなった。憲法裁判所における攻防が示すように、それは日韓協定によって形づくられた「一九六五年体制」の破綻であり、日韓関係の新しい枠組みづくりの始まりでもあった。

二〇〇六年一一月、韓国の外交通商部（当時）は答弁書を提出した。その中で、「我が政府が日本政府に金銭による賠償責任を法的に主張した場合、これは一九六五年の韓日請求権協定の解釈とかかわる日本側との消耗的な法的論争に発展する可能性が高いため、我が政府において被害者への救済措置を採る一方、日本政府に対しては賠償を求めないという方針」を明言している（二〇〇六年八月二五日付「外交通商部答弁書」）。外交的なレトリックの次元ともいえるが、韓国政府は対日過去清算においてダブル・スタンダードを堅持していたことになる。日本軍「慰安婦」問題の孕む重大性を認めながらも、あくまでも日韓協定の枠組みの中で対処するという認識や方針を持ち続けてきたわけである。

ところが、憲法裁判所は「（日韓請求権）協定の第三条で定められた手続きによって解決していない被請求人の不作為は、違憲である」と確認した（憲法裁判所の決定文）。第三条は紛争の解決方と仲裁委員会に関する条項である。この決定の翌日挺対協は、「実質的な解決を可能にするあらゆる外交的活動を、即刻施行せよ」との声明文を発表した。

以上からすると、「慰安婦」被害者と挺対協は、国内外において培われた論理とエネルギーをバックに、日韓協定と韓国外交の存在価値を問う、重大な質問状を投じたわけである。憲法裁判所の決定に次いで、二〇一二年五月、最高裁判所も同様な判決を言い渡した。日韓請求権協定にもかかわらず「日帝が犯した反人道的不法行為に対する個人の損害賠償請求権は依然として有効」と認め、「日本裁判所の判決は植民支配が合法的だという認識を前提としたもので、強制動員自体を不法と見なす大韓民国憲法の核心的価値と正面から衝突するため、その効力を承認することはできない」との認識を明確にした。解放後六〇年が過ぎてようやく、韓国の司法は日本の植民地支配自体が違法であると宣言したのである。

一連の出来事によって日韓協定は、韓国においてではあるが、これ以上対日過去時清算を律する基本枠組みとしては機能し得なくなった。言い換えると、日韓協定によって支えられた日韓両政府の「同床異夢」・「呉越同舟」、つまり国内向けの都合のいい解釈や態度は論理的に不可能となったのである。そして、ある研究者は「『一九六五年体制』の寿命は終わったと公式に宣言するとともに、『植民地支配』を全面的に清算する新しい法的構造を構築」するようにと呼びかけた(3)。

2. 韓国国内政治への影響

二〇一二年の暮れ日本と韓国は共に、新しいリーダーとして、安倍晋三と朴槿恵を選択した。二人は先代から奇妙な縁を引きずっている間柄でもある。安倍首相の祖父は岸信介で、A級戦犯でありながら首相にまで上り詰めた人物である。また、朴大統領の父は旧日本軍中尉、つまり否定しがたい「親日派」の経歴を持つ朴正熙で、クーデタによって一九六一年から一八年間、韓国の大統領として君臨した。一九六五年の日韓協定の締結は、この岸と朴正熙の共作ともいわれている。大方の予想ではこの二人の新体制によって、先代からの縁に加え保守の本命たる共通性が、膠着した日韓関係を改善に導くと思われた。だが、現実は正反対に流れ、朴大統領は日本の保守の目の敵と化してしまった。

日本はともかく、韓国の新大統領には対日外交の課題として歴史問題の解決、とりわけ日本軍「慰安婦」問題は避けて通れない。国内政治の次元において、朴大統領への攻め方は二つほどある。一つは憲法裁判所の決定をいち早く遂行せよとの圧迫であり、仲裁裁判の要求は最大のカードとして活用される。もう一つは、負の遺産としての父親の「親日」問題の政争化である。挺対協の一連の対応はその様子を物語っている。

今まで朴槿恵当選者が見せた歴史認識と親日的背景から生じた政治的な資産は広く知られているので、国民が抱く危惧と憂慮は決して度を越えるものにはなれない。（二〇一三年一月四日、挺対協の論評、下線は引用者）

静かな外交か密室外交か、日本政府を相手にただただ口を噤《つぐ》んでいる、その実体すら見えない朴槿恵政府の一年も安倍政権の一年とともに批判されて当然である。（二〇一三年一二月二六日、挺対協の声明文）

当選者の頃から「同じ女性だからきっと分かってくれるでしょう」と、「もしかして……」との期待を捨てられなかった日本軍「慰安婦」被害者の前に、政権獲得後一年あまりも沈黙し続けてきた大統領と政府にとっては、これ以上仲裁裁判の時間の猶予は許されない。(二〇一四年二月一〇日、挺対協の声明文)

これについて黙っていたら、親日の輸血者としての自らのアイデンティティーを表すとともに、国民の意思を読み取れない意思不通の大統領であることを、改めて確かめさせることとなろう。(二〇一四年六月一二日、挺対協の声明文)[4]

挺対協の言い分からは、歴史問題をめぐって日本と対峙する韓国の内情は、決して一枚岩ではないことがはっきりする。植民地時代の「親日」問題は未だに「総括」が終わっていないのである。したがって、日本軍「慰安婦」問題は、一歩踏み外したら、いわば「反朴槿恵」のスローガンとして転用される可能性は十分にある。朴正権が頑なに「全面的な解決」を求めている理由の一角は、国内政治の側面から観察すべきである。

二、歴史葛藤と民主主義

1．日本における「戦後民主主義」の破壊

二一世紀に入って日韓の間には「歴史葛藤」が著しく顕在化してきた。その是非はともかく、最近の日本の教育状況を振り返ると、憂いを禁じえない。それは愛国心と伝統を注入する「国家主義教育」への後退にほかならない。すでに安倍首相は一期内閣の二〇〇六年一二月、教育基本法の改正を断行した。この教育基本法をバックに、二期目の二〇一三年一一月、歴史葛藤・領土紛争への攻勢的な対応とともに、教科書検定基準の再検討を明言した。「歴史戦争」の全面化である。

また、安倍政権は「特定秘密保護法」の制定に乗り出し、二〇一三年一二月にそれを成し遂げた。特定秘密保護法を批判する声は左右を問わず鳴り響いている。

いずれ特定秘密だらけになり、国民の知らない間にあらゆる物事が決まる社会になってしまう（現役官僚・作家の若杉冽「北海道新聞」二〇一三年一二月五日）

公務員への罰則が強化されれば、あんなこと（隠す必要のない映像情報を隠したために起きた尖閣諸島中国漁船衝突映像流出事件、引用者）もなくなる。「保守だから賛成」なんて言ってる場合じゃない（小林よしのり「朝日新聞」二〇一三年一一月二九日）

安倍首相は「美しい日本」をつくるといいながら、「戦後民主主義」への破壊を厭わない。そして、過去の軍国主義や戦争への否定的なイメージや認識を払拭するため、隣国との歴史葛藤を助長する一方、米国を隠れ蓑として積極的に活用する。次の安倍首相の発言はその典型である。

靖国参拝の問題については、アメリカ人の立場に置き換えて考えてもらえればと思う。アメリカにも戦没者を慰霊し追悼する場所、アーリントン国立墓地がある。……日本の指導者として、国のために命を犠牲にした人々を追悼するのは、当然なことだと思うし、これは、世界各国の指導者が行っていることだ。（インタービューの一部、『フォーリン・アフェアーズ』二〇一三年六月号）

私を右翼の軍国主義者と呼びたいなら呼んでいただきたい（二〇一三年九月二五日、米国ニューヨークでの講演の中の発言）

安倍首相の率いる〝二一世紀の日本丸〟は、平和憲法の改正に向けて進軍している。「平和国家」の旗を捨てて戦争のできる「普通国家」に変わろうとしている。それを実現するため、一方では民主主義を踏みにじり、他方では親米ナショナリズムへの傾倒を一層強化している。その過程における一戦術として、韓国・中国との対決姿勢を浮き彫りにし、国民の目を晦ましているのである。今日本は、一九世紀の「脱亜入欧」の過ちを省みず、新たに「脱亜入米」へと突き進もうとしている。一連の歴史攻撃はまさにその前哨戦・宣伝戦としてしかけられていることを見抜くべきである。

2. 韓国内の歴史葛藤と民主主義・日韓関係

今世紀に入って韓国では、内部の歴史葛藤も激しさを増している。その深部においては、排他的なナショナリズムに支えられた「反日フレーム」の威力と危険性が見受けられる。

一例を挙げよう。高校歴史教科書をめぐって二〇一三年、韓国で大きな騒ぎに見舞われたのは、保守的な歴史観から記述された「教学社」問題の勃発であった。植民地時代を「肯定的」に書いたり、朴正熙のクーデタを「美化」したりした件が物議をかもし出したのである。革新側は連日強い批判を浴びせ、結果は全国で一校のみの採用となった。しかしながら、「親日」のレッテル張りに終始したキャンペーンの過程は民主主義とは程遠いものであった。その本質とは「全員敗北」に等しい。

このような展開に注目すると、以下のコラムの指摘は手痛く受け止めなければならない。

日帝と親日派、独立運動家と民衆という二分法的な枠組みに固執する反日民族主義的な歴史研究と教育が、過去事清算を全うしないまま右傾化に走る今日の日本への反日の心情と結びつき、親日フレームを誕生させたのである。（金正仁『京郷新聞』二〇一四年二月五日）

日本との歴史葛藤から育まれたナショナリズムの高揚は、「親日フレーム」の横行という好ましくない副産物も生み出してしまったのである。

それでは、「教学社」事件から得るべき教訓は何であろうか。簡単にいうと、日本にも韓国にも適用できる普遍的な戦い方と理念を再構築することである。なぜなら、「記憶をめぐる戦争」はすでに国境を飛び越えているからである。

「教学社」の事件に促されてか、朴槿恵政府は歴史教科書の「国定化」の意図を露骨にしてきた。現在の教育部長官の口からは、「子どもたちに重要な『歴史』の領域は、国家が一つの歴史観をもって教えなければならない」と、日本の保守まがいの言葉が飛び交う。それはいうまでもなく、かつての民主化の成果を覆して民主主義の土台を脅かす暴挙である。日韓における最近の歴史葛藤は奇妙な相似性を見せており、「つくる会」と「教学社」を取り巻く事態の展開は一種のシャム双生児の印象すら抱かせる。

今韓国は、日本との歴史葛藤に関わり合いながら、自ら疎かにしてきた積年の課題と直面させられている。今まで韓国は、他国の植民地化や侵略を悪いことだと訴えてきたものの、今後は内なる「親日」の清算を棚上げにしたツケと向き合わなければならない。さらに、国定教科書の阻止という課題も背負わされている。この難関を突破する道は、一先ず認識の転換から見出せる。我々には韓国vs日本あるいは朴槿恵vs安倍晋三の図式を乗り越える取り組みが求められており、国境と民族をまたがる民主主義の旗を立て直さずにはいられない。

3. 解決への提言

以上において、日韓の歴史葛藤と共鳴する韓国内の事情について簡単に触れてみた。この事態を打開する処方箋は如何に工夫されるべきか。

まずは状況認識の変化である。韓国の憲法裁判所の決定をきっかけとして、「一九六五年体制」は歴史問題へ対処する伝家の宝刀たる機能を失いかけている。とりわけ、朴―安倍の構図のもと、歴史葛藤は正面衝突のような状況を見せており、両国の保守派同士の親密感は著しく薄れてしまっている。単独首脳会談の二年以上の不開催は、閉塞した両国関係のシンボルとして映る。日韓関係は明らかにパラダイム・シフトの段階に差し掛かっており、新しいバランス・ポイントへの成立は当分期待できそうにない。最近の関係悪化は、ある意味で必然的ともいえる。

　当面の目標は、両国間の歴史葛藤を国内政治に利用する仕組みの改善に据えなければならない。日本軍「慰安婦」をめぐる衝突は、実のところ、自国内の支持を取りつけるための格好の材料として使われたりもする。やや乱暴な言い方をすると、朴—安倍の「敵対的な共存」の気配さえ見て取れる。要するに、歴史問題の歪んだ政争化を軽減する作業は、両国にとって共通の課題となってくるわけである。

　そのためには、両政府間の最小限度の信頼とチャンネルの形成が欠かせないと思われる。たとえば、首脳会談の早期実現は、国民同士の感情的な消耗戦を和らげる効果をもたらすであろう。政治家の個人的ないわば「妄言」は固く慎まれて当然である。また、議論の「公共化」ないしは「多角化」を支える脱政治的な場とネットワークの形成を促すアプローチも、至急取り組むべきである。過去二度試された「日韓歴史共同研究委員会」は、歴史論争の公の土俵をつくる観点から、いち早く模索されるといい。最後に、歴史認識における共通点と差異点を明示化するため、言い換えるとスタートラインの相互確認のため、民間同士の対話を促進させるべきである。要するに、泥仕合ではなく、品のある戦のできる「紳士協定」を、お互いに結ぼうとのことである。

　他方、長期的で根本的な展望として、新しい指向を持つ日韓の市民連帯を再構築することも考えられる。その基本趣旨は、差別的・格差的なグローバリゼーション（Globalization）を打破してアジア・ローカライゼーション（Asia-localization）の構想を打ち立てて実践することである。

その原則は三つある。第一に、民族（＝国家）を離れて市民を主体や担い手に据えることである。当然ながら、排他的なナショナリズムは両市民にとって共通の敵となる。第二に、日韓の市民の連帯に基づく共同の活動を日常化・緊密化していくことである。たとえば、地方や学校同士に、望ましき歴史教育の経験を共有する取り組みを重ねて行く。最後に、「未来を開く歴史」の視点に立って歴史の現在化・未来化を構想・実現することである。反面教師としての一〇〇年前の東アジアの悲劇を繰り返さない、その鉄則を分かち合うことにもなろう。

日韓の市民連帯を高める具体策を一つ提案しよう。それは毎年、一般市民・活動家（団体）・知識人・政治家（政党）を網羅する一大マツリ「暑い八月、厚いアジア」（仮）の集いをリレー開催することである。日韓にとって八月は「原爆」と「解放」を意味するが、あの一九四五年を土台に「平和」の具体化を目指していきたいわけである。平和共栄を指向する「アジア共同体」の先駆的な構想と実践にもつながるはずである。

なお、集いに向けた共同の準備組織として「アジア共同体への道」（仮）を構成し、地域との有機的なネットワークを形成・拡大していくことが求められる。事前企画の「共通テーマ」と申し込みによる「個別テーマ」をもって、当年のセッションを構成する。そして、毎年集いの総括として、「アジア市民宣言〇〇〇〇年」の中身を協議して発表する。

二〇世紀のアジアは植民地化と戦争という悪夢に悩まされた。それから七〇年が過ぎた今、日本の保守勢力は、戦争のできる国づくりを強行している。平和なアジアへの取り組み、それは過去と向き合うことから始まる、歴史和解と市民連帯、アジア共同体の到来もそう遠くはない。

注

（1）主に法令に対して違憲審査を行う裁判所であり、日本においては最高裁判所がこの機能を担う。
（2）日本軍「慰安婦」問題の解決に取り組む市民団体で、一九九〇年に結成された。
（3）金昌録、「韓日過去清算の法的構造」、韓国法史学会、『法史学研究』四七号、二〇一三年、一〇八―一〇九頁。
（4）二〇一四年の半ば、国務総理候補者者の、過去の親日的な発言をめぐって大きな騒ぎが起こったが、結局当人の指名は撤回された。

第3章　思想史からアジア共同体を考える

渡辺憲正

はじめに

アジア共同体を考える場合、歴史認識問題（「従軍慰安婦」問題や南京事件など）と併せて、戦前日本のナショナリズム（ないし対アジア観）／アジア主義――「東亜協同体」論や「大東亜共栄圏」構想などを含む――の思想史を反省することが肝要である。

ナショナリズムの基本は、

（一）各個人の権利（自由・所有）の平等／権利侵害の禁止（自然法）／法的統治／共和政（君民共治）ないし民主政
（二）各国家の独立と対等性／侵略の禁止（万国公法）／世界連邦（無上政法）
（三）文明化

にある。これらはすでに明治期の啓蒙主義や自由民権論などに現れ、大正期にも失われない。

だが、一八八〇年代には、ナショナリズムは転換を遂げる。
（一）日本＝「文明の先進」なる自負（「文明―野蛮」図式への囚われ）
（二）中国・朝鮮＝「野蛮」という意識
（三）日本は植民／膨張すべし
という、アジア雄張論、国権拡張論への転換である。

アジア主義は一般に、西洋列強の侵略（帝国主義）に抵抗してアジアの連帯（アジア諸民族の共存共栄）をはかろうとする思想としてとらえられるが、多くのアジア主義者は、のちに侵略主義に転換を遂げ、かえってアジア諸国を蹂躙する侵略に加担した。なぜ、このような転換が起こったのか、今日「アジア共同体」の可能性を考えるためにも、このことの見極めが肝要である。

本章では、戦前日本のナショナリズム／アジア主義を、
第Ⅰ期（一八六八―一八八九年）：明治維新→帝国憲法発布まで
第Ⅱ期（一八九〇―一九一〇年）：第一回帝国議会→韓国併合まで
第Ⅲ期（一九一一―一九三〇年）：中国辛亥革命→昭和恐慌まで
第Ⅳ期（一九三一―一九四五年）：満州事変→敗戦まで
の四期に分けて、とくに第Ⅲ期までの代表的論者（福沢諭吉、植木枝盛、陸羯南、徳富蘇峰、吉野作造、北一輝）を取り上げ、その転換の要因を考察しよう。(1)

一、第Ⅰ期（一八六八―一八八九年）のナショナリズム

明治初期に征韓論が起こった。だが、この時期はまだ、政治的思想的にはアジア協調が基本にあった。啓蒙主義者も自由民権論者も「小国主義」的傾向をもっており、西洋との対抗上、アジア協調の発想が現れて不思議ではない。それは欧米との不平等条約の下で、日本をまだ「半開」にあると位置づける意識に照応していた。

この意識が変化し出すのは一八八〇年代である。この時期になると、日本人は「東洋の先進」「文明の先進」を自認し、東洋の文明化を語るようになる。小国主義から国権拡張論への転換――これは、中国・朝鮮を「野蛮」と把握することに相即している。そして、この時期に固有の意味での「アジア主義（国家主義）」も台頭する。

1．福沢諭吉（一八三五―一九〇一年）の文明化論

初期の福沢は、各個人の権利を認めて国家を形成し、国家間においても独立・対等な関係を築こうとした。

「一身独立して一国独立する」「其人々持前の権理通義を以て論ずるときは、如何にも同

等にして一厘一毛の軽重あることなし。即ち其権理通義とは、人々其命を重んじ、其身代所持の物を守り、其面目名誉を大切にするの大義なり。……何等の事あるも人力を以てこれを害す可らず」「道理あるものはこれに交り、道理なきものはこれを打払わんのみ。一身独立して一国独立するとは此事なり」（『学問のすすめ』一八七二─七六年）

また福沢は『文明論之概略』において、「世界の通論」として文明史を「野蛮─半開─文明」に区分し、アジア諸国はなお「半開」にあって文明を目指すべきことを主張した。

「苟も一国文明の進歩を謀るものは欧羅巴の文明を目的として議論の本位を定め、この本位に拠りて事物の利害得失を談ぜざる可らず」（『文明論之概略』一八七五年）

しかし、福沢はとくに一八八〇年代に入り、日本を文明に達した「東洋の先進」と位置づけ始めて以降は、日本によるアジア東方の文明化を語り、「脱亜論」に至ることになる。

「然ば則ち方今東洋の列国にして、文明の中心と為り他の魁《さきがけ》を為して西洋諸国に当るものは、日本国民に非ずして誰ぞや。亜細亜東方の保護は我責任なりと覚悟す可きものなり」「武以て之［支那朝鮮等］を保護し、文以て之を誘導し、速に我が例に倣《ならい》て近時の文明に

入らしめざる可らず。或は止むを得ざるの場合に於ては、力を以て其進歩を脅迫するも可なり」(『時事小言』一八八一年)

「[朝鮮国民は]支那の干渉を蒙て独立の国体を失い、……支那の風を学て又支那人の指揮に従い、自身を知らず自国を知らず、日に月に退歩して益野蛮に赴くものの如し」(「朝鮮独立党の処刑」一八八五年)

「我国は隣国の開明を待て共に亜細亜を興すの猶予ある可らず」(「脱亜論」一八八五年)

2. 植木枝盛(一八五七―九二年)の自由民権論

植木枝盛は、一八八〇年前後に、一方では各個人の自由平等の権利を主張し、他方では小国主義の立場から、各国家の主権の対等性と独立性を原則として、国家間関係を構想した。論説「世界大野蛮論」や『無上政法論』では、無上政法論を提起し、西欧列強による侵略を「大野蛮」であると批判した。

「宇内は今方に修羅場なり」「此国にして独立の権利あれば彼の国も亦独立の権利あらざるは莫く、まったく同等にして立存すべきもの」「万国共議政府を設置し宇内無上憲法を立定するの旨趣を行うを図るべきに在るを信ずるなり」(「世界大野蛮論」一八八〇年)

「宇内の暴乱を救正し世界の治平を致すべきものは万国共議政府を設け宇内無上憲法を立

つるに在り」「外患の憂慮なきに至れば、就ち天下の各国皆自由に其国を小分するを得べし」「愈国土の小分するに至れば則其度に随て益々民の自由を進め、今日天下の各邦に用ゆるが如き代議政体を一変して之を直与政体に改むることをも得べきなり」「天下各国皆其兵備を減少することを得べし。……其極竟には全く之を廃止するに至ることを得べし」(『無上政法論』一八八一年)

さらに、植木は一八八四年に至っても、きわめて明確な小国主義を唱えた。

「至大の国に非ざることなれば則我国は自由を行うに適当すること」「我日本の如きは直に各人の自由権利を保護するに純なることを得易き国なりとす」「日本国は元来農を以って立つの国にして貿易を以て立つの国にあらず乃ち日本は日本のみにても能く立ち行くことを得べく必ずしも外国貿易を盛んにせざれば其の国能く立ち行き難しとするの次第は曾つてこれなかりしなり」「〔英国は元来〕商工を以って立つの国なりゆえに外国貿易を盛んにせざれば其国能く立ち行き難き事情あり随って侵掠主義に狎《な》るることを免かれず」(「日本は宜しく自由主義を行うべき国柄たるを論ず」一八八四年)

だが一八八七年には、商権の拡大のために朝鮮を日本の植民地となすべきだと語るようになる。ここに至って植木は「小国主義」を「転換」し、国権拡張論に組みしたのである。

「今よりも後々に於ては更らに最も我日本人にて商権を朝鮮に伸ばし実際の上にては鶏林八道を日本の植民地と為すほどにまでいたらしむるをこそ望むべけれ」「社会の文明を害する未だ支那主義より超えたるはあらざるなり」「［支那主義は］東洋をして衰頽の極に陥らしめ、東洋の人々をして卑屈の宿痾に沈溺せしめ、……東洋をして殊に甚しく欧州の侵略を受けしめたる［もの］」（「朝鮮と日本との関係」一八八七年）

二、第Ⅱ期（一八九〇―一九一〇年）のナショナリズム

第Ⅱ期は、日清戦争（一八九四―九五年）から日露戦争（一九〇四―〇五年）を経て、日本が韓国併合に至る時期にあたり、さまざまな国家主義団体が結成され、アジア主義が高揚する。とくに目立つのは、「東洋の先進」意識であり、「支那」・朝鮮を「野蛮」扱いする傾向である。

1．陸羯南（一八五七―一九〇七年）の国民主義

陸羯南はネイション（国民）形成を果たそうという「国民主義」の立場に立ち、『近時政論考』において国民論派を名乗った。

「いわゆる国民的政治とは外に対して国民的特立及び内に向って国民的統一を意味するものなり」「国民論派は、自由主義と平等主義の二原則を政事上の重要なる条件と見做す」「[外政に関して国民論派は]世界中各国民の対等権利を識認するものなり」（『近時政論考』一八九一年）

また『原政及国際論』でも、列強の帝国主義（狼呑法と蚕食法による侵略および植民地化）と国際法に対する批判をはっきり打ち出し、国際公法の道義（各国民の対等性）を世界の公法たらしめよと主張した。

「国際競争はその現象大別して二となすを得べきなり、いわく狼呑法、いわく蚕食法」「[欧人の国際論にいわく]劣等の国を欧風に混化し劣等の人種を世界より逐い擯《しりぞ》くるは白皙《せき》人種の義務なりと」「今の国際法なるものは大半みな欧の諸国を偏庇するに出ず、否、ひとり欧の諸国のみが参与して立てたるの法に過ぎざるなり」「我輩は国際公法なるものを正理公道に基づけんことを希望するなり、欧州の家法たるを変じて世界の公法となさんことを希望するなり」（『原政及国際論』一八九三年）

ただし、この時期にすでに陸もまた、植民や貿易を通してネイションの権利としての国権拡張をはかる立場をとった。そして、日清戦争を境に、陸は明らかに転換を遂げる。以後、「商権の拡張」にもとづく国権拡張論から、ますます帝国主義的傾向（「支那保全」等）を帯び、対露強硬を唱えた。

「支那は外国に向って自主的に行動することが期待できる国ではない。信義を重んじる国でもない。また、日本に向って同盟を欲する国でもない」「支那は富国であり、国利上失うべきではない。また支那は隣邦であり、国家の安全上失うべきではない」（「対清如何」一八九三年）

「我が王師の大目的は東洋の進歩を図らんが為め、支那といへる野蛮を征するに在り」（「征蛮の王師」一八九四年）

「支那に対する今後の外政は、航通及び金融の機関を準備して十二分に商権の拡張を図るより急なるものはなし」（「今後の対外方針」一八九五年）

2．徳富蘇峰（一八六三―一九五七年）の平民主義

徳富蘇峰は、初期に自由民権論に共感しつつ、スペンサーの社会進化論にしたがって歴史を、〈腕力―武備（兵）―不平等―貴族〉、〈平和―生産（富）―平等―平民〉の二つに区分し、前者の野蛮から後者の文明への進歩こそが世界の大勢をなすととらえた。こうして徳富は『将来

之日本』などで平民主義を唱えたが、同時に、文明による野蛮の支配を正当化する傾向を帯びたのである。

「現今の大勢より帰納し来たれば欧州を支配するの勢力は実に兵と富との二大主義に帰せざるべからず。……第十九世紀の世界は生産主義と武備主義との一大戦場にして今日の時代は実に二主義戦争の時代といわざるべからず」「それ近世の歴史は兵と富との戦争史なり。しかして第十九世紀の時代は富が兵に向かって大勝利を得、かつ得んとするの時代なり」「文明世界の人類をして文明の民たらしめんと欲せば自由の必要なるがごとく、野蛮世界の民をして文明の民に進めんと欲するときには抑圧なるものは実に必要なり」「今日において東洋諸国が欧州より呑滅せらるるゆえんのものは他なし。ただ我は貧にして野蛮なる国にして彼は富んで文明なる国なるがゆえなることを。これ自然の理なり」「我が国の将来はいかになるべきか。……生産国となるべし。生産機関の発達する必然の理に従い、自然の結果によりて平民社会となるべしと」(『将来之日本』一八八六年)

この傾向が顕著に現れたのは、日清戦争以後である。この段階では徳富蘇峰は『大日本膨張論』により、「武備機関の拡張と共に生産機関の発達を併行併進せしむる」こと(国家的平民主義)を提起し、さらに韓国併合後には「ついに帝国主義者として、東洋自治論の唱道者と」

なり、転換を遂げた。

「孩児の成長、尚お悦ぶ可し、況んや国民の成長に於てをや。如何に我が日本国民の成長しつつあるを見ずや、彼等は日本国以外に、更らに日本国を建設しつつあるにあらずや」「惟うに彼の清国なるもの、頑冥不霊にして。大日本が歴史の順流に乗じ、其の条理に於て、当然占む可き前路を阻遏し、却て之を臨むに暴慢無道を以てす。……／而して清国と戦うたるは、清国即ち自から好んで吾人が正当なる、国権の保全と、国運の振作と、国民の膨張に敵したれば也」「我が政治をして、願くは全局大打算の政治たらしめよ。航路拡張、海外出交易、新版図占領、移住及び植民、凡そ是等の新問題は、我が政治家が当面解釈せざる可らざる問題にあらずや。膨張的日本は、独り兵力を以てするのみならず、亦た固より商権を以てせざる可らず」（『大日本膨張論』一八九四年）

「民族的醒覚は力也、民族的活動は力なり、民族的一致は力なり。乃ち此の力を発揮するを以て、大和民族当面の天職とせざる可らず。吾人は此の如くして、我国に帝国主義、平民主義、社会主義の、一貫したる　皇室中心主義の下に行われざる可らず、又た行わざる可らざるを説けり」（『時務一家言』一九一三年）

三、第Ⅲ期（一九一一―一九三〇年）のアジア主義

第Ⅲ期は、韓国併合、辛亥革命という事態の進展を受けて始まる。日本が名実ともに「大日本帝国」として海外植民地を経営し、なおかつ「アジアの先進」を誇るようになり、満州・蒙古に「進出」をはかるようになった時代である。

1．吉野作造（一八七八―一九三三年）の民本主義

吉野作造は、国内的には民本主義――人格的自由を実現するための「人民権利の保障／三権分立／民選議院制度」からなる近代憲法の根柢――を唱える（「憲政の本義を説いてその有終の美を済すの途を論ず」一九一六年）一方、国際的には諸民族の並立と生存の権利を主張する立場を取り、初期から日本の大陸進出を肯定していた。

「苟も世界の表面に各種民族の並立するは確かに摂理の存する所である。……我々は支那朝鮮にたいし、我国の利益のみを唯一の標準として利己的政策のみをとってはいかぬと思う」「道徳のみが物を云うのでは無論ない。……余輩は大体に於て軍備拡張論者である」（「国際競争場裡に於ける最後の勝利」一九一四年）

「[一番宜いのは]云う迄もなく支那全体を日本の勢力範囲とするという事である」(「支那の政治的将来」一九一四年)

ただし、「支那」・朝鮮の事情に通じ、とくに三・一運動、五・四運動以後は朝鮮人、中国人に共感を示し、日本の対外政策を帝国主義ととらえて批判する立場をも表明した。

「著者は多大の同情と敬意とを支那民族に払わんとする立場をとる一人である」(『支那革命小史』一九一七年)

「われわれはどこまでも人道主義の立場に立って、自主共存の根本義よりいっさいの対支政策を割り出さなければならない」(「北京大学学生騒擾事件について」一九一九年)

「東洋の大局を達観し、彼らと協力して最高の正義の実現のために努力するの態度に出なくては、朝鮮統治の前途に永久に光明は来ない」(「朝鮮青年会問題」一九二〇年)

「日露戦争後、対支関係を険悪に導きし最も不幸なる出来事は、帝国主義日本の大陸進出であった」(『対支問題』一九三〇年)

にもかかわらず、吉野は民族の生存権を否定しなかった。

「われわれは自家の生存のために満州の権益を設定してわるいのか」「日本のごとく土地も狭く資源に恵まれずそのうえ人口のきわめて夥多なる民族は、この権利を許されずしてどうして活きて行けるか。満蒙のごとき……人口に比して過分に広大な地積と資源とを擁してしかも門戸開放に肯じない態度には、少なくとも徳義上の根拠がない」(「民族と階級と戦争」一九三二年)

2. 北一輝(一八八三—一九三七年)の日本改造論

北一輝は初期の『国体論及び純正社会主義』において、社会進化論にしたがい、「万世一系の国体論」を否定し、第二維新革命としての社会主義革命を提起した。

また辛亥革命後、中国上海に渡り革命軍に参加した経験をもち、一九一三年帰国後に『支那革命外史』を執筆した。近代革命の理念——各人の自由と国民的統一からなる共和政——にもとづいて、「道念の頽廃し国家組織の崩壊せる支那」の革命を支持しつつ、それが専制的形態(↓東洋的共和政)をとり、対外的には軍国主義(↓対露戦争)に立つことを肯定した。そして、この支那革命のために、日本が「亜細亜の盟主」として後援し、朝鮮と満州を領有する一方、日支同盟の結成によって英露に対抗すべきことを主張した。

「支那の革命は民主共和の空論より起りたるものにあらずして、割亡を救わんとする国民的自衛の本能的発奮なり」「日本的愛国魂が漸く支那に曙光を露わして彼等革命党となれるに於ては、日本の或る場合の処置に対して排日運動を煽起するは寧ろ却て歎美すべき覚醒にあらずや」「革命とは国家の統一なく社会組織の崩壊せる国民に起る者」「不肖は亦切実に支那に於ける自由政治の必然的可能を確信する者なり。何となれば近代的統一とは自由の基礎の上に建てられたる専制にして、又自由を保護すべき為めの統一なればなり」「斯る大理想に生れたる中華民国は内に対して武断政策を取ると共に外に向ての国是は軍国主義にならざる可らず」「必要は万事の母。国家と国民とは其の独立生存の前には為さざる所なし」「[支那は] 英国の埃《あい》及的権利を打破すべし」「支那は先づ存立せんが為に、日本は小日本より大日本に転ぜんが為に、古今両国一致の安危を感ずる斯くの如き者あらんや」「支那をして蒙古を確保せしめよ。日本は南北満州黒龍沿海の韃靼領を統治すべし」(『支那革命外史』一九一五―一六年)

一九一六年ふたたび訪中。『国家改造案原理大綱』を執筆して、一九一九年帰国後、国家改造運動に関わった。『日本改造法案大綱』は、「未曾有の国難」に臨む大日本帝国において、憲法停止→戒厳令下での国家改造、天皇大権、華族制廃止、普通選挙、国民自由の回復、私有財産制度の制限、私有地の制限、大資本の国家統一、朝鮮領土の改造、国家の開戦権などを提起した。全体としては、日本において「東洋的共和政」を実現すべく、天皇の専制をとり、かつ対外的な膨張政策を示したものである。

「朝鮮を日本の内地と同一なる行政法の下に置く。朝鮮は日本の属邦に非ず又日本人の植民地に非ず」「自立し能わざる地理的約束と真個契盟する能わざる亡国的腐敗の為に、日本は露国の復讐戦に対する自衛的必要に基きて独立擁護の誓明を取消したる事が真相なり。是れ侵略主義に非ず」「開戦の積極的権利。国家は自己防衛の外に不義の強力に抑圧さる他の国家又は民族の為めに戦争を開始するの権利を有す〔印度独立・支那保全のための戦争〕」「国家は又国家自身の発達の結果他に不法の大領土〔濠州・極東西比利亜〕を独占して人類共存の天道を無視する者に対して戦争を開始する権利を有す」（『日本改造法案大綱』一九二三年）

四、日本のナショナリズム／アジア主義の「転換」要因を考える

日本のナショナリズム／アジア主義は、人民の権利、万国の対等性と独立を求め、西欧列強の侵略主義を否定しながら、最後にはほぼ一様に、植民地化と戦争、帝国主義に転化した。このことは以上に取り上げた六名に限られない。自由民権論も一八八四年には国権拡張論に転換を遂げたのであり、一般に小国主義者として知られる中江兆民もまた、一八八八年には次のよ

うに国権拡張論を提起したのである。

「政府たる者真の政府と為り人民たる者真の人民と為り正理既に伸び公道既に張るに於ては、農工商賈の業、文芸学術の道も亦従うて進闡《せん》すること言を待たざる者有り、是れ正さに国会を創設するより生ずる利益に係る趣意なり、正理先ず立ちて利益これに従うは事勢の然らしむる所なり、夫れ然る後国以て富ます可く兵以て強くす可く国権以て張る可くして、全国人民愛国忠民の志油然として起り勃然として発して、茲に始て第十九世紀文明国の列に加入することを得ん」(「国会論」一八八八年)

そしてこの方向は、最後には大東亜会議(一九四三年一一月開催)で採択された「共同宣言」にいう「大東亜共栄圏」構想に行き着いた。

「そもそも世界各国が各々その所を得相倚りて相扶けて万邦共栄の楽を偕にするは世界平和確立の根本要義なり/しかるに米英は自国の繁栄のためには他国家他民族を抑圧し、特に大東亜に対しては飽くなき侵略搾取を行い、大東亜隷属化の野望を逞うし、遂には大東亜の安定を根柢より覆さんとせり、大東亜戦争の原因ここに存す/大東亜各国は相提携して大東亜戦争を完遂し、大東亜を米英の桎梏より解放してその自存自衛を全うし、左の綱

領に基き大東亜を建設し、もって世界平和の確立に寄与せんことを期す」(「大東亜共同宣言」一九四三年)

以上の転換の要因は何か。一言でいえば、文明化問題である。

1.「文明—野蛮」図式の無理解

一八世紀西欧では、狩猟→牧畜→農耕→商業、という四発展段階説が形成された。そして狩猟＝savage、牧畜＝barbarous、農耕以後＝civilizedと性格づけられ、文明化が進歩として肯定された。一九世紀に入ると、barbarousの後に、half-civilizedが設定された。

こうした図式を受容した福沢諭吉は、「文明—野蛮」について、『西洋事情』外編と『世界国尽』と『文明論之概略』ではそれぞれ異なる理解を示している。

『西洋事情』外編では、歴史の始まりを「莽昧(barbarous state)」ととらえ、savageとbarbarousを区別せず、両者を「蛮野」とし、「支那」を「半開半化(half civilised)」の国、それ以上を「文明開化」ととらえた。『世界国尽』では、歴史を「蛮野」と「文明」に大別し、「蛮野」をさらに「混沌」と狭義の「蛮野」に、「文明」を「未開または半開」と狭義の「文明開化」に、区分した。

福沢は、アメリカのミッチェル『初等地理』Mitchell's School Geographyなどに依拠している。これによれば、社会の歴史は、savage, barbarous, half-civilized, civilized, enlightened の五段階に分けられる。[2]だが、福沢は、savage と barbarous の区別の意味をよく理解せずに一括し、かつ half-civilized を「開化未全」という意味で「未開」とも訳した。このことが明治期における「野蛮」「未開」の曖昧さ（「未開」は savage 段階ではなく、barbarous 段階よりも上位を意味する）、「文明―野蛮」図式の単純化をもたらす要因となった。

一八世紀文明史観によれば、農耕以後は civilized とされる。中国、朝鮮はこの意味で明白に「文明」段階にある。それを「野蛮」と呼んだのは、文明史観の誤解である。

2. 西洋列強の文明化に対する問いかけの困難

西洋列強の侵略に対する対抗意識

日本のナショナリズム／アジア主義が、西洋列強のアジア侵略への抵抗であったことを、疑う必要はないであろう。そもそもナショナリズム／アジア主義は、日本の独立の危機ゆえに富国強兵、殖産興業（文明化）、民権伸張を図ろうとしたのである。

だが、それは他方において西洋の文明化を前提していたので、文明化と侵略／植民地化との関連を問うことは――予感としては植木枝盛などに見られるものの――ほとんどなかった。

文明化と侵略／植民地化

文明化（資本主義）は、侵略／植民地化と無関係ではない。それはつねに外部に資源と商品市場を必要とするかぎり、近代初期から侵略／植民地化を正当化してきた（グロティウス、ロックなどを参照）。

したがって西洋列強の侵略に反対する日本のナショナリズム／アジア主義もまた、文明化を推進するかぎり、西洋列強に同調し、侵略／植民地化の正当化――「文明―野蛮」図式の受容――に反転せざるをえない。これを今日的にいえば、われわれもまた、文明化（資本主義）を前提して、他の諸民族／諸国民と平等互恵の関係を築くことが可能かという問題を突きつけられていることを意味する。

社会進化論の受容

福沢諭吉、植木枝盛、陸羯南、徳富蘇峰、北一輝らはスペンサー以来の社会進化論を受容した。「弱肉強食」「優勝劣敗」などの論理と「文明―野蛮」図式との結合が見られる。

3．日本の国家＝社会に対する問いかけのなさ

「アジアの先進」としての日本という評価

文明化を前提する日本のナショナリズム／アジア主義は、それを成し遂げた日本の国家＝社

会を「アジアの先進」として評価し、この評価を前提に、「頑迷固陋のアジア」を文明化する使命を語る。それゆえに、きわめて強い国家的立場ないし支配者的立場に立って、政治レベルの陰謀や謀略を事とするナショナリスト／アジア主義者が多く生まれた。かれらは、日本ではなく、アジア諸国を日本の指導の下に「変革」し、「東亜協同体」のごときものをつくろうとする。これでは、いかに良心的なものであろうとも、日本の支配者層と利害の一致した構想しか立てることはできず、アジアを否定するほかなかった。

日本のナショナリズム／アジア主義の帰結

日本のナショナリズム／アジア主義による「アジア解放」は、アジアを破壊したばかりではない。結局、戦争遂行（体制づくり）によって日本をも破壊せしめた。

まとめ

「文明—野蛮」図式からの脱却

今日ではもはや、中国、韓国を「野蛮」と規定する論者はいないであろう。だが、それでもときに差別的な言辞（ヘイトスピーチなど）が繰り返され、「文明—野蛮」図式が復活する。これは払拭すべきである（誤読／無理解によっていたかぎり、払拭可能のはず）。

徹底した平等互恵の関係の構築

国際的に「平等互恵の関係」を構築するのは難しい。それがいかにしたら――経済的にのみならず、文化的にも――可能かを考える。同時に国内的にも「平等互恵の関係」を考える。国内的なこうした経験なしには、支配者的立場から自由に（つまり人民レベルで）、国際的に平等互恵の関係を構築することはできないからである。

参考文献（アジア主義に関する文献資料）

竹内好編『アジア主義　現代日本思想体系9』筑摩書房、一九六三年
伊藤昭雄編『アジアと近代日本　思想の海へ11』社会評論社、一九九〇年
米原謙／金鳳珍／區建英『東アジアのナショナリズムと近代』大阪大学出版会、二〇一一年
松浦正孝編著『アジア主義は何を語るのか』ミネルヴァ書房、二〇一三年
中島岳志『アジア主義―その先の近代へ』潮出版社、二〇一四年
長谷川雄一編著『アジア主義思想と現代』慶應義塾大学出版会、二〇一四年
米原謙『徳富蘇峰』中公新書、二〇〇三年
井上寿一『アジア主義を問いなおす』ちくま新書、二〇〇六年

注

（1）ここには、典型的アジア主義者と言うべき論者、たとえば樽井藤吉、宮崎滔天、頭山満、内田良平、

岡倉天心、大川周明、等が含まれていない。また、第Ⅳ期こそ「東亜協同体」論や「大東亜共栄圏」構想が示される時期であるが、直接の考察対象としていない。

（2）ミッチェル『初等地理』にあっては、half-civilized は、「中国、日本、ビルマ、シャム、ペルシア」などアジア諸国の段階を表すとされる。

第Ⅱ部　東アジアの歴史空間

第4章　東アジアの言語空間
――漢文で書くこと・日本語で書くこと

鄧　捷

一、漢字文化圏の中の日本

日本がはじめて中国の史書に記録されたのは三世紀末の『魏志』倭人伝においてである。当時の日本の姿は未開のままであったが、中国ではすでに曹操、曹丕、曹植（「三曹」と呼ばれる）とその仲間「建安七子」らが文人（知識人）の新しい詩歌に取り組み、「文章は経国の大業、不朽の盛事」（曹丕『典論』）と文芸至上主義を高々に宣言していた。

日本人が渡来人(1)のリードで中国文明を摂取しようとしたのは、五世紀に入ってからだといわれている。倭の五王と呼ばれる五人の王が当時の中国の中心地建康（現在の南京）に使いを派遣している。六世紀末から七世紀、聖徳太子が当時の中国の隋に使いを派遣してから、中国文化の摂取は飛躍的に展開されていく。その後の三百年間、数十度にわたる遣隋使、遣唐使の往来により、日本人が中国の高度な文明を吸収し続けていた。

日本最古の詩集は『懐風藻』という漢詩集であり、七五一年に成立したものとされている。

中には七世紀後半から八世紀半ばまで日本人が作った漢詩が収められている。漢詩というのは、中国の古典詩及びその形に準じた各国・各時代の作品に対する日本風の総称である。(2) 古代日本人は日本語表現が成立する前に、中国の言語及び詩という表現形式を取り入れて日本独特な詩を作った。(3)

漢詩に限ってみていくと、平安朝に『凌雲集』(八一四年)、『文華秀麗集』(三巻、八一八年)、『経国集』(二〇巻詩文集、八二七年)という勅撰三集が編纂され、遣唐使の往来が止んでから漢詩は一時衰えたが、鎌倉五山、京都五山の僧侶たちの間にその伝統が受け継がれていた。江戸時代になると多くの漢詩人が輩出し、漢詩の水準が最も高まった。明治以後、幕末の志士、近代文学者の漱石や鴎外、実業家の原三渓などといった漢詩文の素養をもった人々が漢詩を作ったが、欧化の一途を辿る日本では、漢詩文の素養は次第に衰え、日清戦争以後の学校教育が普及するにつれて急速に下火となった。(4)

以上は漢詩を媒介した日本と中国文化のかかわりであるが、中国文化の影響は日本だけではなく、朝鮮半島、ベトナムなどの地域にまで及んでいた。とくに、「文言文」という古代中国の書面語としての漢文は、中国語本来の発音から切り離された形で、東アジアの各国で最もフォーマルな言語として用いられた。すなわち、漢文は東アジアの多くの国と地域の共通言語であった。このような意味において、近代までの東アジアは漢字文化圏と呼ばれている。

二、漢文の権威及びその支配からの脱却

東アジアの漢字文化圏はよく西洋の中世及びルネサンス以後のラテン語文化圏と比較されるが、ラテン語を公用語として用いたローマ帝国は早くも四世紀前後から衰退し、ヨーロッパの中心ではなくなるが、それに対して、中国は東アジアにおいて一九世紀半ばまで統治的な地位を保ち、漢文は外交、政治、通商などの分野で実用的言語として用いられていた。

前にも触れたが、漢文は漢代以来の古典の語彙・語法を基礎とする「文言文」であり、近代までの長い歴史において日常生活の中国語口語と違う形で存在する、知識人が読み書きに用いる書面語である。東アジアの各国・各地域の交流は圧倒的に書面語の漢文によるもので、双方の母国語（中国語口語と日本語・朝鮮語）による交流が極めて少なかったと思われる。

その原因について、交通手段が限られ、人と人との直接交流が難しかったことが考えられるが、中国文明と漢文の威力があまりにも大きく、周辺国家の人々は自国の言語を用いて交流することを自ら見下していたことも指摘されている。その証拠の一つは、日本や朝鮮半島において自国の言語による中国の作品の翻訳が非常に少なかったことである(5)。中国の作品をいかに受容するか。日本では早くから「訓読」という、漢文テキストを逐語直訳する方法が考案された。「訓読」は現在の私たちがイメージする翻訳ではなく、より機械的な転写である。例えば杜甫

の詩「春望」の場合、

中国語原文：　国破山河在　城春草木深

漢文訓読：　国破レテ山河在リ　城春ニシテ草木深シ

読み下し文：　国破《くにやぶ》れて山河在《さんがあ》り　城春《しろはる》にして草木深《そうもくふか》し

というふうに訓読はほとんど原文の形を変えずに転写されて読まれていた。「山河（さんが）」「草木（そうもく）」のような漢語は本来日本語になく、訓読のために拵《こしら》えた造語である。長い歴史から見れば、これらの人工的な漢語は日本語を豊かに育み、日本文化に大きな恵みをもたらしたが、当時においては、訓読は日本語として不自然であるのみならず、必ずしも忠実に原文の機微を伝えることができたとはかぎらない。しかし、訓読という極端な直訳方法は、漢文原文に最も接近できる方法として重んじられていた。いかに簡単に正確な漢文原文を複元するかは良い訓読文の条件である。このように、訓読という方法は日本で漢文の威光を借りて最高の権威が付された。すべての中国古典はこのような方法で「直接」に読まれ、その結果、普通の日本語による翻訳という道はかえって塞がれていたのである[6]。

地理上、文化上、軍事上においてより中国に近い朝鮮は日本以上に漢文を尊重していた。漢文への傾倒及び自国言語の地位の低さのため、近代以前の朝鮮では中国文学を自国言語に翻訳するという考えがほとんど現れなかった。朝鮮の漢文研究や漢文創作は非常に高い水準までに達していた。

このように漢文が中国内部及び周辺文化に与えた強力な束縛は、近代になってようやく解かれるのであった。近代的ナショナリズムの台頭のもと、東アジア各国は自国の口語による創作が提唱され、外国文学の翻訳も口語で行われるようになった。しかしその一方、一九世紀半ば以後、中国にとって代わり西洋ないし後のアメリカが世界文明の中心となった。比較文学者川本皓嗣は次のように指摘している。

東アジアという地域において、中国が長い間に行ったことと同じように、いわゆる近代というのは、実際、欧米各国が自己を中心とし、周辺の国や人々を徹底的に非中心化する時代である。（中略）近代以前の漢文に相当する言語、すなわち自国の言葉より高く神聖化された言語は、時にはドイツ語であり、時にはフランス語であり、時には英語であり、時には、急速に近代的に整備された、より中心に近くなった日本の言語でさえあった。(7)

一九世紀末から、日本語は「国語」として日本の近代拡張とともに国境を超え、台湾・朝鮮・満州まで教えられるようになった。一方、中国（中華民国、一九一二年〜）では五・四新文化運動が興り、文言文（漢文）の廃止、儒教文化の批判とともに、口語文学、西洋の民主・科学精神が提唱され、北京語という「国語」が出現した。東アジアの言語空間において、二〇世紀前半期は日本語と北京語という二大国語圏の時代であったと言われている。

三、帝国日本の「国語」の登場——台湾の場合

東アジアにおいて日本は一足早く明治維新を成功させ、近代的国民国家として歩み始めた。日本語を国民国家に必要な標準語（国語）[8]として均一化しようとしたのは明治以後のことであり、とりわけ日清戦後前後に国語に関する議論が活発になった。岩波講座『「帝国」日本の学知 第五巻 東アジアの文学・言語空間』によれば、この時期の国語議論の中心人物であった上田萬年は一八九四年に、「余輩の義務として、この言語の一致と、人種の一致とをば、帝国の歴史と共に、一歩も其方向よりあやまり退しめざる様勉めざるべからず」と国語が帝国建設の重要な環であることを主張し、「日本人の精神的血液」としての国語形成を強く訴えた[9]。

一八九四年に日本は日清戦争に勝利し、翌年、下関条約によって清国（当時の中国）から賠償金を得ると同時に台湾を割譲させた。一九世紀末の台湾では、先住民は部族語を、明、清時代に大陸から移民してきた漢族は閩南語《ミンナン》と客家語《ハッカ》を話していた。書房と呼ばれる伝統的な私塾で古典中国語（漢文）が学ばれて、識字率が一〇％前後であった。

台湾に対する植民地統治を始めた日本は、一八九五年七月に台北の芝山巌で日本語教育を開始している。一八九六年に台湾人向けの初等教育機関として発足した国語伝習所の規則第一条に、「国語伝習所ハ本島人ニ国語ヲ教授シテ其日常ノ生活ニ資シ日本国的精神ヲ養成スルヲ以

テ本旨トス」とあり、国語＝日本語を学習することが「日本国的精神」を身につけるためであると規定されている。[10]台湾の人々にとって、日本語を学ぶことは、帝国日本の精神、文化を引き受けることを強要される過程であるとも言える。

中国の伝統的教育機関の書房が次第に衰弱するとともに、日本語による小学校教育を行う公学校は植民地統治の進行に合わせて増加していく。一九二二年以後、公学校では漢文が必修ではなく随意科目となった。台湾の人々は抵抗と弾圧の中で言語教育を通して帝国日本への統合が強く要求された。やがて日本の中国侵略が本格化するにつれて台湾では皇民化運動が強化されていく。このような植民地統治の結果、台湾では日本語理解者は一九四三年に約六〇％、日本敗戦及び植民地統治終結の一九四五年に七〇％に増加した。[11]

四、日本語で詩を書いた台湾詩人——江文也と王白淵

五〇年に及ぶ台湾全島の「国語」教育は、台湾大《サイズ》の共同体意識の形成を促し、読書人口を増加させ、新聞、雑誌の創刊など読書市場の拡大と成熟を可能にした。二重言語をもつ作家、母国語のように日本語で創作する作家が多く現れた。彼らはどのような苦悩と葛藤を抱えていたのか。以下は日本語で詩を書いた二人の詩人、江文也と王白淵を紹介する。

1．郷愁を含んだ凝視

江文也は一九三〇―四〇年代の日本及び占領下北京で活躍した音楽家である。彼は一九一〇年台湾に生まれ、四歳の時厦門に移住した。その後、一四歳で日本に渡り、長野県上田中学校、武蔵高等工業学校に通う傍ら作曲を学んだ。一九三六年には「台湾舞曲」によって第一一回ベルリンオリンピックの音楽部門で第四位に入賞し、日本で音楽家として名を馳せる。一九三八年北京師範大学の招聘を受けて日本占領下の北京へ赴いた。江文也は北京で「新民会」会歌と映画「東亜平和への道」のために作曲し、「新民少年歌」と「新民少女歌」を創作したため、一九四五年に中国国民党政権によって有罪とされた。戦後は日本に戻らず同地に留まり、一九八三年北京で生涯を終えた。

帝国日本の音楽家として戦時体制に協力した江文也は、日本語詩集を書き残している。彼が北京の名勝と大同の雲岡石窟を訪れた時の紀行としてまとめた『北京銘』と『大同石佛頌』は、一九四二年八月に東京青梧堂から出版されている。（以下の江文也の詩の引用は注がなければこの二冊による。）本業の音楽とは異なり、詩は江文也にとって「余技」ともいえる。彼は植民地統治国日本の「国民」として、血統上の祖国である中国を如何なる「まなざし」で見つめたのであろうか。

江文也ははじめて北京城の正陽門に入った時の興奮を次のように描いている。「アー、北の忽必烈よ、南の文天祥よ、と私の頭は走馬燈のやうにグルグルと回転を始め、時ならぬ『正気歌』を口ずさんだりして私の車は英雄の匂りをこめた古都の堤の上を走つて行く[12]」。忽必烈（フビライ・ハン）はモンゴル帝国の第五代皇帝で、南宋を滅ぼして中国を統一した元の初代皇帝である。文天祥は元の侵略に抵抗し徹底抗戦した南宋の英雄であり、獄中で作られた「正気歌」は彼の絶唱である。日本占領下の北京で歴史上の支配者（中国にとって侵略者）と抵抗者にともに思いを馳せる江文也はある意味では無邪気過ぎる。音楽家江文也は車のガラス窓の向こうにある北京――彼の想像の投影された古都に陶酔した。彼は「恋人に会つたやうに、待ち遠しさで心が乱れ、魂は真紅に燃え盛つて居た[13]」、そして廃墟でありながら尚、雄大なスケールで空中高く聳える太い柱を力一杯抱きしめた。

春・夏・秋・冬の四部構成の『北京銘』は彼が古都の眩しい光に目を眩ませながらも「凝視」しようとした記録である。国子監、雍和宮、頤和園、円明園、北海、景山、天壇などの名勝古跡を歩き、心ゆくまで中国伝統文化の香りに浸った。例えば、かつての最高学府「国子監」で次のように心情を吐露している。「石　石　石／そこに彫られた十三経／あたりに鳥は囀り　文字の匂り高い香気がたゞよつて／お、　楽しい古典の化石した森へ　いま来た」（国子監にて）。

文化の香りと古都の静寂を享受する一方、江文也はある種の郷愁を味わっていた。彼は北京の牌楼を次のように描く。「円弧を切断し　空間を区切るために／これらの牌楼が存《あ》るのではなく／穹窿《おほぞら》をかけめぐる魂が／こゝで　郷愁を満喫して　挨拶を噛みしめる所なのだ」（東四の四牌楼に）。

牌楼とは、寺、墓、役所、園林の入り口や道の交差点に建てられるアーチ形の屋根付き門である。北京は役所と寺が中国国内で最も多い都市であるため牌楼も最多であり、かつて百基余りもあったという。牌楼は牌坊とも称され、元代に起源するといわれる。元の都「大都」（現北京）では、街や胡同が「坊」によって区画され、「坊」が居住区の基本単位であった。管理のため、街の標識として坊ごとに牌坊が建てられた。東四では十字路に建てられた四つの牌楼が向かい合って聳え立っている。また、古来、牌楼は邪気が王城に入らないよう築かれた、開かれた門としても重んじられてきた。

魂の還る場所として描かれる牌楼のイメージは、従来の想像様式から切り離された江文也個人のものだと言えよう。あるいは江文也は日本の神社の鳥居を連想していたのであろうか。江文也は伝統文化の記憶を追懐しているとはいえ、そこには彼個人の経験に基づいた想像が重ねられていた。それは時には、読み手にある種の痛みさえ感じさせる。北京の最高地である景山から故宮と北京城を眺望する時にこんな詩が書かれていた。

私は　手を広げた
左手《ひだり》が東で　右手《みぎ》が西だ　と叫んだ

すると　いま故宮の上を　南に駆け行く一点が
一瞬　私の脳後を突いた
お丶　再び鼓楼から回帰する一点
この瞬間にかさなる一瞬間
私を　貫ぬ〔ママ〕く真一真線
私は　ぞつと身慄ひした

……景山の上から……

ここでは、見られる対象である北京が見る側の作者の肉体を貫通し、そのため「見る」肉体と「見られる」都市の境界は瞬間的に消失するのだ。江文也は詩集の序詞においても「百の石碑と／百の銅鼎に／刻み込まうとするこれらを／私は　この肉体に刻み込む」という。このような郷愁を含んだ北京凝視を故郷へのまなざしとするのは大げさかもしれない。しかし彼の感性が、当時中国に訪れた多くの日本人作家と異なり、台湾・中国・日本という複雑な文化背景と経験によって形成されたことに思いを致すべきであろう。(14)

2．表現からの「遁逃」

雲崗石窟は北魏の都であった大同の西郊外にある武周山南麓に位置する、紀元五世紀に開鑿された東西一千メートルに渡る石窟である。この石窟の発見と調査に関しては日本人研究者の役割が大きい[15]。そのため、当時の日本では雲崗石窟は広く知られており、日本人旅行者の中華文明詣でのスポットであった。

盧溝橋事件（一九三七年七月七日）の直後、日本軍は大同を侵略し、石窟を保護下に置く。当時の様子は木下杢太郎・木村荘八共著の『大同石佛寺』の跋から窺える。「……大同に入城した○○部隊長は雲崗の石佛が戦闘の混乱に乗じて、不逞の徒により続々北支方面に搬出され、漸次荒廃に帰しつつある現状に鑑み、廿日文化保存の見地から佛像保存令を発布し、窃盗者は厳罰に処する旨を布告した[16]」と九月一一日付大同発同盟通信の記事を紹介し、併せて、石窟の前に立てられたと思われる、日中両国語で「……射殺不貸」（容赦なく射殺する）云々と書かれた布告の標の写真二枚を掲載している。

江文也の雲崗石仏訪問は一九三八年以後と考えられる。だが、一〇一頁に及ぶ『大同石佛頌』の詩行から戦争の陰影は看取できない。江文也は石窟の前に立ち、「手の洪水」「石仏の洪水」に深く魅了され、一種の「法悦」の境地を表現しようとした。そして同じ芸術表現者として無名の石仏創造者たちに思いを馳せ、「人間の手の技」「人間の魂」ではない「造化そのものの魂である」夥しい石仏を彫った、普遍性を具えた彼らの芸術を「表現からの遁逃」と呼んだのである。彼は否定的表現を用いて、大同石仏を、自己を超え人間の知識や意志を超えた真の人間性が流出する芸術としてとらえようとし、詩の中で「否定する肯定」「放棄による摂取」を哲学的に語り、「近代といふ健康体そのものは／釈迦とか／如来とか／あらゆる神話めいたものを嘲り笑」う近代的芸術表現に対して、懐疑の態度を吐露した。『北京銘』にも、この芸術観に通じる人生観を歌った詩句をみることができる。

こゝでは　逃避することは　敗北を意味しない
それは　一つの自然であり
それは　一つの生長でさへもある
人が　空気や光線のやうに　ゆたかになることである
…逆説…

江文也は「逃避すること」に積極的意味を見出していく。詩の題名「逆説」が象徴するように、彼にとって、大同の石仏や北京の名勝及び人情は、中国を想像する材料と創作のインスピレーションの源泉であるばかりでなく、芸術的態度ないし人間存在のあり方そのものを反転させる契機でもあったと言えよう。このような思考が、彼に現実の中国に注目する契機を与えたと考えられる。

3. 個体と現実への注目

興味深いことに、江文也は人力車夫を詩に描いている。「その曲りくねつた背中／その黙々とした眼底／この大陸の弱々しい根強さが　お前の中にあつた／だが　お前にも生活はあるのだ　と人は考へたらうか」（洋車夫《くるまひき》）。人力車夫が文学作品に登場するのは中国口語詩の始まりとほぼ同時である。一九一八年『新青年』第四巻第一号に、胡適と沈尹黙の「人力車夫」と題する白話詩が掲載された。その後、人力車夫は社会の最下層の象徴として多くの文学作品に描かれてきた。

江文也が描く人力車夫は中国人作家らによる人力車夫像を彷彿させる。また、「弱々しい根強さ」という表現は、「逃避すること」も「一つの自然」「一つの生長」であるという彼の世界観に負うところが大きい。

「洋車夫」は『北京銘』の第四部「冬」に収録されている。「冬」は全詩集の最後部であり、「春」「夏」「秋」と全く趣を異にしている。冒頭の一篇は唐突に、「鴉の羽音が　雨のやうに降つて来る／閻魔の衣か　空一面に裾を引いて／ながながと　北の方へ黒い流れ／お、　鴉よ　荒野には　今も屍体がころがつてるのか」（厳冬の夜明けに）と描く。鴉の羽音が閻魔の衣のような黒い流れとなる想像は、あまりにも暗い。また、「冬」の部では、庶民を注視し、その姿に心動かされる詩人を見ることができる。「どうして／こんなに切ない感情が　湧くのだらう／いま　袋を背負つて／城外に帰る百姓の女と／土の車を引いて／城門を出る驢馬を見た／それが　どうして／こんなに切ない感傷となるのか」（冬至の夕暮時に　東便門所見）。以前、景山から北京城を眺望した視線はもはやここにはない。彼の視線はより低くより具体的な個体に向けられ始めている。彼は何気ない夕暮れの景色や中国人の暮らしの一齣に悲しみを覚える。やがてこの感傷的な情緒は憤慨へと変っていく。

それは　単に人間の皮だけではないか
それは　単なる歴史の皮にもならないではないか
そんなものは　赤毛布《あかげつと》に喰はせる糸瓜《へちま》の皮だ
出来るなら　この空気の皮をも　その粗製な鏡にかけて見よ
……中国を紹介するといふ……

かつて北京の眩しい光を凝視せんとし、伝統文化の香りに浸った江文也は、いざ「中国を紹介する」段になって焦燥感を募らせているのである。「冬」には名勝古跡の賛美や伝統都市・北京に対する陶酔は全く見られない。個体と現実への注目のほかに、抽象的な詠嘆も多い。江文也は苦悩する。「苦悩は　もともともつと少いものである／苦悩を　苦悩だと人々が　詮索《ほぢ》くつてから／苦悩が　苦悩を繁殖したのだ／苦悩そのものであるこの大地には／またこれ以上の何んの苦悩ありや」（汽車の窓から）。そして江文也は憂鬱と苦悩の果てに、自己を救済するための「一つの楽観」を手にするのである。この詩は「冬」部の最後を飾る作品である。

ほんとうに　地に血を流すまでは
お互に　他人であった

それでも　この大地が
血の中にでも　沈んだら

あゝ　そうだ
その時こそ　種子が　芽を萠《ふ》く
して　この太陽と微風とが
その上から哺乳しない筈はない
……一つの楽観……

ここには、台湾に生まれ中国と日本で育った江文也が、やむを得ずに生み出した「救済」が描かれている。中国への彼の視線が景観から個体へと移るとともに、現実と民族の葛藤は重くのしかかってくるのであった。大地が血の中に沈むという絶望から「その時こそ種子が芽を萌く」希望を生み出そうとする江文也の自己救済は、二つの国の狭間で揺れる詩人が苦悩の果てに手に入れた一つの究極の「道」であり、同時に、自らのアイデンティティーの危機を回避するための「逃げ道」でもあった。

中国の大地で綴られた江文也の詩の数々には、同じ漢民族の血を持つ詩人の、中国に対する理解の深化の過程、またそれにともなう詩人の苦悩が秘められている。日本人の妻子を残し、単身北京にやってきた江文也は、一九四〇年に北京第二女子師範学校の学生呉蕊真と恋愛し結婚に至る。また、井田敏『まぼろしの五線譜――江文也という「日本人」』[17]によれば、同じ時期に日本人の妻との間に子どもが生まれている。私生活上における「二重結婚」ともいえる状態は、そのまま彼のアイデンティティーの象徴でもある。準「日本人」である一方、中国人との新たな恋愛と結婚は、血統上の祖国中国を、一層現実味をもった確固たる存在として認識させざるを得ない、決定的な契機となったことであろう。江文也の二冊の詩集は、二つの国家の間で揺れ動く詩人の心の、等身大の記録ともいえよう。

4．共通する植民地詩人の感性

戦時中の創作及び出版にも拘わらず、江文也の二冊の詩集は、時局に同調する音楽活動と異なり、『北京銘』の中にある「一つの楽観」を除けば、明らかな時勢への賛同は見られない。伝統文化への陶酔と賛美以外、詩集に表れているのは同情、理解および苦悩であった。『上代支那正楽考——孔子の音楽論』（三省堂、一九四二年）を著した江文也にとって、「詩が志を述べる」という伝統中国の詩歌観は当然理解しうるものであろう。『北京銘』及び『大同石佛頌』は、台湾・中国・日本という複雑な文化背景をもつ音楽家が、二つの国家に翻弄される中、詩という、彼にとってのかりそめの表現形式に託した、個としての「心の声」＝「志」ではなかろうか。

植民地時代に日本語詩集を残した台湾詩人はほかに王白淵（一九〇二—六五年）、楊雲萍（一九〇六—二〇〇〇年）がいる。それぞれ詩集『棘の道』（盛岡・久保庄書店、一九三一年）、『山河』（台北・清水書店、一九四三年）を出版している。

特に王白淵の場合、「東京美術学校師範科を卒業しても台湾で美術教師になれず、せっかく得た盛岡女子師範学校での教師生活も五年ほどであって、左翼団体『台湾文化サークル』の一員であったことで警察に逮捕された後に解雇となる。上海に渡って美術教師となるが、それもわずかの間のことであって、日中両軍の交戦開始によって逮捕され、台湾に送還されて六年近く監獄生活を送らされる。さらに、その後も入獄を二度繰り返す」という、「波瀾に富んだ」「不遇な人生を送った」詩人であると、日本統治期台湾文学集成『台湾詩集』（緑蔭書房、二〇〇三年）を編集した河原功は記している。[18] 日本で美術を学び、詩を書き、中国大陸での生活経験といった経歴は、どこか江文也に通じるところがある。

しかし、王は日中戦争開戦後まもなく日本政府に逮捕され、江は終戦後に中国国民党政権に逮捕されたという事実が象徴するように、二人の運命はやはり非常に対照的であった。（以下、王白淵の詩の引用は前述の『台湾詩集』による。）

河原功氏は王白淵を圧制と差別に苦しむ「抵抗詩人」と呼び、「標介柱を撤廃しよう」「国境の墓標を撤廃しよう」と歌う『棘の道』の序詩「標介柱」、上海租界で暮らすインド人を描いた「インド人に与ふ」、「封建的残滓と植民地的抑制」に喘ぐ中国を歌った「揚子江に立ちて」などの詩に、「植民地に生活する者の悲哀が共通項として掲げられ[19]」ていると指摘している。同じく植民地台湾出身の江文也も、日本社会で少なからぬ差別を体験したと推測できる。しかし彼の二冊の詩集には、中国という大地への注目と詩人の苦悩ははっきり現れているものの、植民地に生活する人間の「悲哀」があまり感じられない。

台湾人であるが故の差別という厳しい現実を生きねばならないため、王白淵は常に「魂」の自由を夢見て、「生命の家路」を目指そうとする。故に、彼の詩には、暗いトンネルを掘ってじっと耐える「もぐら」、「あらゆる運命を沈黙の坩堝に溶か」す「梟」などが描かれる一方、自由に飛翔するシンボルとして、「胡蝶」「凨」「雷鳥」がよく歌われる。「あゝ、胡蝶よ／地上の天使よ！／私もお前のやうに飛びたい」（胡蝶）、「凨よ！　私もお前のやうに飛びたい／五尺の肉体を燃やして霊の微凨たらしめ／苦痛と運命を蹴落として／星より星へと飛び廻り／月の御殿を通り抜けて／真赤な太陽の我等が父の家へと帰りたい」（凨）。詩人の運命、内面の焦燥と魂の渇望はこのように詩的イメージに結ばれて描かれている。一方、江文也の詩は、『大同石佛頌』と『北京銘』の第四部「冬」に代表されるように、哲学的、思弁的に語るものが多い。両者の違いは二人がそれぞれ美術家と音楽家であることに由来しているのかもしれない。また同時に、江文也の哲学的な詩は時に難解であるため、詩人としての彼の内面が詩という形式において十分に表現しきれていないのである。

しかし、二人はやはり共通する感性を持っていた。王白淵詩集『棘の道』に「詩聖タゴール」が収録されている。彼はタゴールのヨーロッパ文明批判、汎神論的な生命観に強く共感をもつ。『棘の道』では随所にタゴールの影響が見られ、王白淵は「言葉なき野辺の千草」（野辺の千草）、「名もない草花」（魂の故郷）を繰り返して歌い、「小鳥一羽飛ばない蒼空に／私は見る――／無表現の神を／路傍に咲く無名の花に／私は見る――／一個の生命の尊さを」（無題）と、「自然」の中に「神」や「生の充実」を感じようとする。「雨がしとしとと降る――夜は暗い／冷たい凨はそつと窓辺から忍んで来る／光なき燈下に坐し目をとぢて思ふ／思いは数千年の昔にさかのぼり／或は永劫未来の里へと彷徨ひ歩く／草花になつては野辺に咲き乱れ／

小鳥になつては枝より枝へと囀り廻る／今宵魂の故郷に帰れば／喜びなく悲しみなく生なく死なく／無表現の家路へと辿り着く」（表現なき家路）――魂の最終的帰依は自然であり神であり、またそれは「無表現の家路」でもある。ここでの「無表現」は決して否定的な意味合いではなく、完全なる神の境地を意味しているのであろう。

ここにおいて、大同の石仏を見たときの江文也の悟りが想起されよう。彼は石仏の芸術を「表現からの遁逃」と呼び、『北京銘』において「逃避」することが「生長」であると語っている。王白淵も無名の花に生命を見、「無限なる数字を生む」零＝0《ゼロ》を歌う（零）。二人の詩人はそれぞれの運命を生き、独自の詩のスタイルを確立し、その詩集には前後十年の時間差があるにもかかわらず、実に似通った感性を持っていた。王白淵の汎神論的生命観にせよ、江文也の逆説的な哲学にせよ、それらが培われた土壌は一つ、それは母語を奪われながら表現を試みようとする植民地の人間として生きていかねばならないという現実そのものであったといえよう。

五、自己の言葉を目指して

同じく日本の植民地だった朝鮮半島に生まれ、敬虔なクリスチャンとして育った尹東柱（一九一七―四五年）という詩人がいる。彼は植民地支配下で母語を奪われる危機に直面して、抵抗精神に目覚めた。日本に留学し、創氏改名[20]などの屈辱に耐えながら、母語で抵抗と抒情が溶け合う詩を書き、やがて治安維持法違反の嫌疑で逮捕され獄死した。「たやすく書かれた詩」から一節を引用する。

人生は生きがたいものだというのに
詩がこれほどもたやすく書けるのは
恥ずかしいことだ。

六畳の部屋は　よその国
窓の外で　夜の雨がささやいているが、

灯りをつよめて　暗がりを少し押しやり、
時代のようにくるであろう朝を待つ　最後の私、
私は私に小さな手を差し出し
涙と慰めを込めて握る　最初の握手。(21)

詩人をこれほど追いつめた国家的暴力がかつて存在したことは忘れてはならない。同時に、別の次元で、今のグローバリゼーションの時代には、私たちの母語は気づかれることなく奪われようとしていることにも、危機感を覚えなければならない。現代の日本社会において、政府の政策をはじめ、ビジネス文書、新聞、テレビなどには、かつての漢文のように、生半可な外来語は様々な権威のふりをして氾濫している。

現在の東アジアに生きるものとして、前近代的な権威崇拝の傾向を棄却し、欧米に手本を求めるだけではなく、東アジアの独立した立場と自国固有の立場に立って、自身の関心と判断をもち、自他言語という枠を超越した、本当の意味での自己の言葉を用いて世界を語ることは重要であろう。これは自国の優越性を主張するものではなく、他国の視線も受け容れた、開かれた態度でなければならない。

注

（1）四―七世紀ごろに朝鮮・中国から日本に移住してきた人々。

（2）中国では、「漢詩」は漢代の詩、「唐詩」は唐代の詩、「宋詩」は宋代の詩をさす。

（3）中西進『日本文学と漢詩』（岩波書店、二〇〇四年）は奈良時代の日本人の漢詩を「和詩」と読んでいる。「漢詩でありながら、それは和詩である。日本風な詩である。この和詩というものを達成したところに、奈良時代における漢詩と日本文学のかかわりがあったのではないか」（同書四二頁）と指摘している。

（4）石川忠久『漢詩鑑賞事典』（講談社学術文庫、二〇〇九年）の付録「日本の漢詩」を参照した。

(5) 川本皓嗣「東亜文化交流―回顧過去展望未来」『川本皓嗣中国講演録』北京大学出版社、二〇一〇年、一四四―一四五頁。
(6) 川本皓嗣の前掲書を参考した。一四五頁。
(7) 川本皓嗣「東亜文化交流―回顧過去展望未来」『川本皓嗣中国講演録』北京大学出版社、二〇一〇年、一五〇頁。
(8) 標準語、すなわち一国家一言語という言語の均一化は、同時にアイヌ語や琉球語を切り捨て、地方言語を方言として抑圧することも意味する。
(9) 藤井省三編、岩波講座『「帝国」日本の学知　第五巻　東アジアの文学・言語空間』岩波書店、二〇〇六年、一〇頁。
(10) 前掲書、一〇頁。
(11) 前掲書、一五頁。
(12) 江文也「北京から上海へ」、『月刊楽譜』二五巻九号、一九三六年九月。
(13) 前掲江文也「北京から上海へ」。
(14) 江文也と日本人作家の比較について、拙著『中国近代詩における文学と国家』の第五章「二つの国に翻弄された詩人―江文也」で詳細に論じている。
(15) 建築学者である東京帝国大学教授伊東忠太は一九〇二年に初めて近代的学術手法を用いて石窟を調査し、世界中に広く知らしめた。
(16) 木下杢太郎『大同石佛寺』座右宝刊行会、一九三八年、三九九頁。
(17) 江文也の生涯を描いた井田敏『まぼろしの五線譜―江文也という「日本人」』は一九九九年に白水社から出版され、間もなく日本の遺族によって回収されたが、国会図書館で所蔵されている。

(18) 河原功「王白淵と楊雲萍——二人の抵抗詩人」、日本統治期台湾文学集成『台湾詩集』緑蔭書房、二〇〇三年。
(19) 前掲河原功「王白淵と楊雲萍——二人の抵抗詩人」。
(20) 日本の植民地化の朝鮮に対する皇民化政策の一つで、朝鮮人の固有の姓と名を日本式の氏(創氏)、名前(改名)に改めさせようとした政策。一九三九年に公布、四五年に消滅。
(21) 尹東柱詩集『空と風と星と詩』金時鐘編訳、岩波文庫、二〇一二年、四三-四四頁。

第5章　東アジアの異文化交流史

――歴史空間としての「東アジア」を考える――

田中史生

はじめに

現代の国際政治・経済において、中国大陸、朝鮮半島、日本列島を含む広域的な地域概念としての「東アジア」は重要なキーワードである。しかし元来、多様な歴史と文化を抱える多元的な空間が、なぜ「東アジア」と一括りにされうるのだろうか。こうした問いへの関心は、現実の政治や経済の東アジアに対する注目度に比べると、一般には、それほど高くないように思われる。

日本では近代だけでなく、前近代の歴史を理解する上でもこの「東アジア」が重要なキーワードとされてきた。本稿では、前近代の「東アジア」をめぐる歴史学界の議論を整理し、そこから浮かび上がる課題を把握した後、近年の日中韓を取り巻く交流史に関する実証研究を踏まえながら、あらためて東アジアの異文化交流の実態と広域的な歴史空間の捉え方について考えてみたいと思う。

一、漢字文化圏としての東アジア世界

地球上に文明が誕生し、それらをもとに地中海世界や南アジア世界といったより大きな地域世界が形成されるなか、日本列島の原始・古代社会は、東アジア世界の一員としてその歴史を歩み始めた。これが、現在の日本の歴史教科書の基本的な筋書きである。

こうした前近代における東アジアの捉え方は、中国史学者の西嶋定生が一九七〇年から提唱した「東アジア世界論」を基礎としている(1)。西嶋のいう東アジア世界は、イスラム世界やインド世界、アメリカ世界など、前近代に地球上に複数存在していた独自の歴史的小世界の一つである。その地理的範囲は、中国・朝鮮・日本・ベトナム、そして、モンゴル高原とチベット高原に挟まれ中国と西域を結んだ河西回廊が含まれる。また、この東アジア世界に共通する指標として、漢字・律令制・儒教・仏教の四つがあげられている。

西嶋によれば、この歴史世界としての東アジアは、冊封体制という中国中心の特殊な政治関係、政治秩序によって、中国漢代以降作り上げられたものである。

冊封とは、中国国内の臣(内臣)に対する爵位の制度が、中国周辺諸国の君長にも適用されたもので、彼らにも「王」や「侯」などの爵位が授けられ、中国皇帝の臣(外臣)に位置付けられた。例えば、邪馬台国の卑弥呼が魏に使者を派遣し、魏の皇帝から「親魏倭王」に任命さ

れたことなどがそれにあたる。こうして東アジアには、中国皇帝によって任命・保護された高句麗王、百済王、新羅王、倭王などが君臨するようになる。この中国王朝を中心とした国際的君臣関係では、相互の意志伝達に漢字を用いることが求められた。そのため、冊封を受けた周辺諸国に漢字の受容が必須となり、さらにその範囲に、漢字を媒介として儒教・仏教・律令法といった中国の文化・思想・制度も伝播したというのである。

このように、西嶋のいう歴史的世界としての東アジア世界は、冊封体制を契機として成立した漢字文化圏として構想されている。しかも西嶋によれば、この中国を中心とした「東アジア世界」は、一〇世紀初頭に唐朝が滅亡し中国王朝の政治的パワーが後退してもなお、一九世紀にヨーロッパ資本が東アジアに及ぶまでは、前近代を通して経済的・文化的な面において存続し続けたという。

そして確かに、その範囲とされる中国・朝鮮・日本・ベトナムには、今も「漢字文化」と呼びうる文化がある。東アジア世界論には、それが提起された当初から、諸民族の歴史の主体性を軽視した中国中心史観との批判もあった。しかし、日本前近代史を世界史の文脈から読み解く視座と方法を与えた意義や影響は極めて大きかった。こうして前近代史の分野でも、「東アジア」を冠した優れた研究が次々と生み出されていったのである。

ただし、以上の西嶋の東アジア世界論は、この論が生み出された一九七〇年ころまでの日本の現実と課題が強く意識されていたことに留意が必要である(2)。当時の日本は、西嶋のいう「東アジア」の範囲で、様々な国際問題に直面していた。朝鮮戦争、ベトナム戦争、安保闘争、そして台湾問題、日韓条約をめぐる混乱、フォード・アジア両財団資金供与問題（一九六〇年代前半、アメリカの両財団が日本の中国研究に巨額の資金提供を申し出たことから起こった反対運動）など、軍国主義的「日本」が去ってもなお、大国アメリカの影がちらつく東アジアの紛争に揺れていたのである。そして戦後歴史学界は、こうした現実に対し、国民の歴史認識としての世界史像はどう構築されるべきかを悩んでいた。このなかで「東アジア」は、新たな政治的・経済的抑圧に抵抗する、人民の国際的連帯の場として意識されるようになっていった。西嶋は、この連帯の場に、歴史学的根拠を与えようとしたのである。

二、東部ユーラシア論と海域アジア史

しかし今日、日本の抱える現実的課題は、東アジア世界論が提唱されたころよりもさらに空間的な広がりを持ち、複雑化・多様化している。日・中・韓のナショナリズムのぶつかり合いに出口が見つけられないなか、私たちは、一国の歴史認識から世界をみつめることや、どこかの国を中心に理想の世界を描く姿勢から脱却しなければならないことを意識するようになってきた。しかも、中国の政治的・経済的台頭とうまく調和のできない国際社会、日本社会の現実は、中国中心史観との批判もあった東アジア世界論の受容を難しくしている。

こうして近年では西嶋の東アジア世界論に対して、実証的な側面と理論的な側面から、様々な疑問が提起されるようになっている。西嶋のいう自己完結的な歴史世界としての「東アジア」の実在性を疑い、「東アジア」の使用について慎重な姿勢を示す研究者も増えてきた。そのなかで最近注目されている歴史学の議論の一つに「東部ユーラシア論」がある(3)。

東部ユーラシア論のいう東部ユーラシアの地理的範囲は、概ね、現在のタジキスタン、アフガニスタン、中国にまたがる高山地帯の、パミール高原以東が設定されている。これは、北アジア・中央アジアの遊牧民族に関する研究の進展で明らかとなった、中国史における彼らの重要性を、朝鮮半島から日本列島までを範囲とする広域史として取り込んだものである。この東部ユーラシア論で強調されるのは、朝鮮半島や日本列島の歴史に影響を与えた中国の動きが、その北方・西方で強大な勢力を誇った遊牧勢力との関係に大きく規定されていたという事実である。そこから、東アジア世界論では「圧倒的存在」であった中国を相対化しようという意図を前面に打ち出す論者もいる。

この東部ユーラシア論によって、「東アジア世界」の範囲では見えなかった連関史は一気に広がったといえるだろう。西嶋は「東アジア世界という完結した歴史世界が存在し、日本はもちろんのこと、朝鮮も中国も、この歴史世界の中で、相互補完的にそれぞれの歴史を展開した」と述べていたが、実際の東アジアは「完結した歴史世界」としては動いていなかったことがはっきりとしたのである。

さらにもう一つ、日本の歴史学界において、東アジア史という枠組みとは異なる新たな広域史の見方として注目されているものに、海域アジア史がある。[4] 王権や国家を軸に歴史を描くことになれきった私たちの歴史の支点は、通常、陸に置かれている。けれども海と陸を媒介する、あるいは海と陸の双方から規定される沿海地域の役割を重視する海域史は、沿岸地域に点在する交易拠点が、海によって互いにネットワークを結び、陸を巻き込んだ連鎖的で広域的、相互作用的な歴史を作り上げていることを復元しようと試みる。[5] したがって海域アジア史のいう「海域アジア」は、一定の領域を持つ固定的な地域空間ではなく、海を挟んだ沿海地域間のいくつもの交流圏が、一部重なりながら、「アジア」にとどまらず、さらにその外側へも連鎖的に広がる、いわば主軸を変えてつながる拡散する地域として設定されている。こうすることで、中国大陸、朝鮮半島、日本列島の歴史が、海域を舞台に直接つながり合っているだけでなく、その外側へも複線的、連鎖的につながっていることを、具体的な事例から数多くあぶり出すことに成功している。

では東部ユーラシア論や海域アジア史によって、東アジア史という枠組みは成り立たなくなったと言えるだろうか。おそらくそうではあるまい。

東部ユーラシア論では、北方・西方の遊牧勢力が与えた中国史への影響が、中国の東方諸地域との関係を規定していたことが強調されている。けれども、例えば中国西方の歴史が、中国を飛び越えて、直接日本列島史に影響を与えることはほとんどない。東部ユーラシア史と日本列島史とのつながりも、結局は、中国史や朝鮮史を媒介として起こっているのである。また、海域アジア史の視点からみても、九世紀から日本列島周辺で活発な活動を行うようになった海の商人は、その初期は新羅海商、それ以降は中国海商を中心としている。列島と海域アジアも、朝鮮半島から中国大陸の沿岸部を拠点とした人々を媒介としなければつながらないのである。この構造は、ヨーロッパの交易船が日本列島に到達する一六世紀まで、基本的に変わらないだろう。

このように、東部ユーラシアの陸の視点から捉えても、アジアの海の視点から捉えても、列島前近代史（特に一五世紀以前史）に、外との結びつきを直接もたらしていたのは、結局、東アジアであったということになる。このように東アジアは、実は中国よりもむしろ「日本」を軸としたときによくみえる地域的な「ひろがり」といえる。そしてこのことは、中国を中心に描いた西嶋の東アジア世界論が、日本国民の歴史認識を模索するなかで見出された、いわば「日本」の視点から捉えた世界史像であったこととも重なってくるのである。

三、東アジアの交流史を遡る

では、このように様々な視点から切り取られて語られる歴史空間としての東アジア・東部ユーラシア・海域アジアは、互いにどのように交わって広域史を構成するようになったのであろうか。この点を探るためには、中国大陸、朝鮮半島、日本列島の諸地域の歴史が直接結びついて構成される東アジア史が、どのようにして形成されたかを考える必要がある。

現在の日本列島の形は、今から一万年ほど前に作られた。氷河期の終焉と急激な温暖化により地球の海面が上昇し、日本列島が中国大陸から完全に切り離されたのである。これ以降、列島には狩猟採取を中心とする多様な縄文文化が形成されていった。最近の放射性炭素による測定年代(AMS年代)に基づけば、その後、紀元前一〇世紀頃、中国の水稲農耕文化が朝鮮半島を介して日本列島の九州北部へも伝来する。このように稲作文化の伝播が起こった歴史的背景については、まだ不明な点が多い。ただその直前、中国大陸では殷が倒れ西周が成立しているから、その政治・社会変動が人々の連鎖的な移動を促し、広域的な文化伝播を発生させた可能性はあるだろう。こうして九州北部に水田稲作がもたらされると、これが本州へも伝わり、その範囲が弥生時代へと移行していく。資源の人工管理がすすみ、財の所有意識も大きくかわると、武器や環濠も伝わって、列島でも戦争が頻発するようになった。この稲作文化をもたらした人の移動は、徐々にではあるが、列島の人々の骨格を変化させるほどの規模であったとみられる。

こうして水稲農耕と戦争を持つ弥生時代になると、石器に比べて鋭く、耐久性にも優れた鉄製・青銅製の武器や農具が求められるようになった。この金属器の本格的な流入・拡散の始まりに関し、考古学は、春秋戦国時代の燕の影響を注目している。燕は現在の北京を中心に渤海

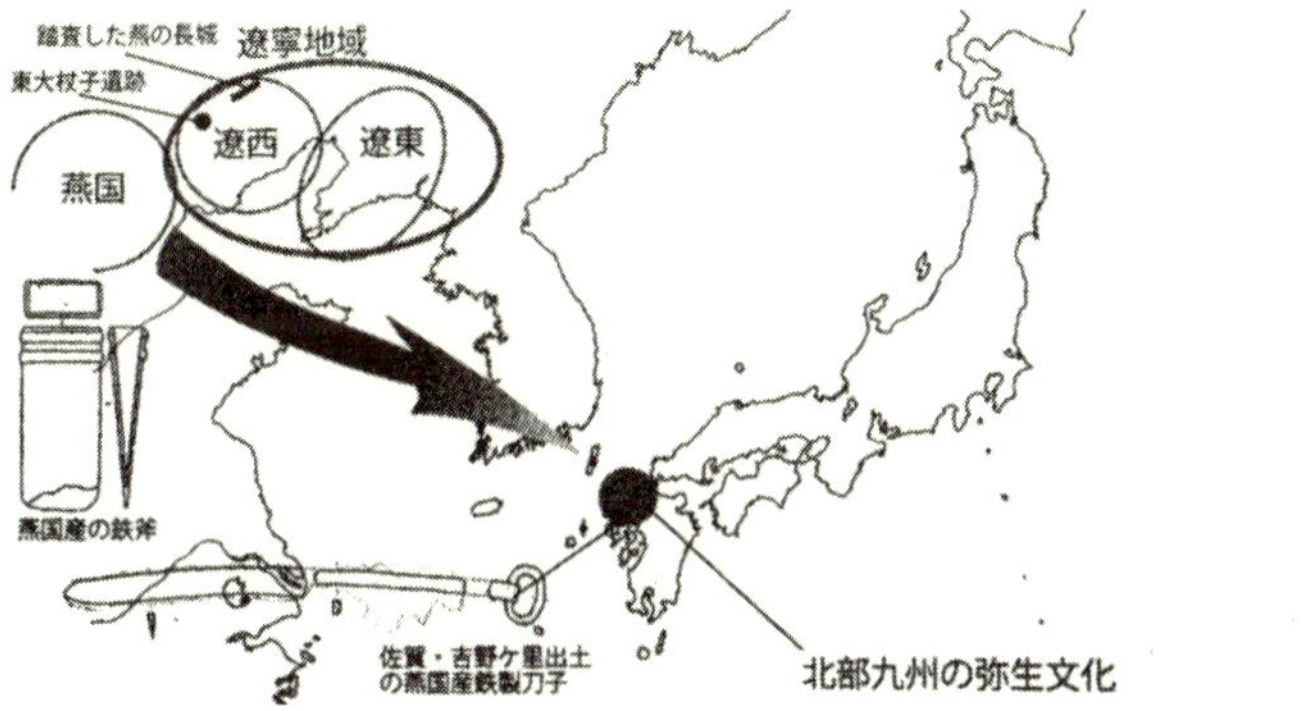

図1　燕国の東方進出と燕系金属器の広がり

海域に面した河北省北部から遼寧省を支配し、優れた金属器文化を保有した戦国七雄の一つである。紀元前三—四世紀に燕が東方進出を本格化させたことにともない、燕系の金属器も人の移動とともに朝鮮半島や日本列島へと広がっていったとみられる【図1】[6]。

以上の考古学から浮かび上がる文化伝播と関連し、古い中国の文献にも倭と燕との関係を示すものがいくつかあることが注目される。まず、前漢の紀元前一、二世紀までには原型ができたとされる中国の地誌『山海経』の「海内北経」には「蓋国は鉅燕の南、倭の北にあり。倭は燕に属す」とある。『山海経』は後世の加筆や空想的・伝説的な記述も多いが、「鉅燕」とは燕のことだから、その南方の「蓋国」を朝鮮半島に、さらにその南方の「倭」を日本列島に求める見解は、有力説の一つである。司馬遷の『史記』によれば、燕は東方の朝鮮半島各地から「利」を集めたというから（貨殖伝）、朝鮮半島との交易も盛んに行われていたようだ。そしてこの朝鮮半島の南部地域は、弥生時代、西日本の諸地域と密接な交流関係にあった。

さらに、日本列島について記した確実な初見史料として知られる『漢書』の「倭人」の記事も、それが収録されたのは地理志燕地条である。『漢書』は、後漢時代に班固（三二―九二年）らが編纂した前漢に関する歴史書だが、この燕地条は、燕地の領域と歴史や風土を説明し、前漢時代に楽浪郡が設置されたことで朝鮮半島に社会的変化が起きたことを述べた後、「夫れ楽浪海中に倭人あり、分かれて百余国と為る。歳時を以て来たりて献見すと云う」と、前漢が百余に及ぶ倭人の国々と定期的な通行関係を持ったことを紹介する。『漢書』もまた、「倭」を、海を介した燕地とのつながりのなかで理解しているのである。

以上のようにみるならば、中国渤海湾岸地域から朝鮮半島、日本列島にいたる金属器の共通性は、単に金属器だけの問題にとどまらない。『山海経』や『漢書』は、漢代の人々が、この範囲に燕地につらなる地域的な交流圏があると認識していたことを示しているからである。しかも燕は、山東を支配した斉などとともに、魚、塩などの海産資源を豊かに持つ海域国家でもあった[7]。それはまさしく、渤海・黄海海域によってつながる東アジアの文物交流・交易圏が存在していたことを意味するものだろう。

四、東アジア海域と東部ユーラシア

紀元前二二二年、戦国の強国燕は秦によって滅ぼされる。その翌年、斉も滅ぼした秦は、中国の統一に初めて成功すると、支配領域を郡—県の行政区画に分け、官僚を配置して直接統治をはかる中央集権的な郡県制を施行した。内陸国家の秦は支配領域の東端を遼東まで伸ばし、朝鮮へとつながる中国東方沿岸部海域を影響下におさめることとなった。海を意識するようになった始皇帝は、自らの領域を確認するかのように東方沿岸への巡行を繰り返す。

ところが始皇帝が没すると、秦も反乱を抱えて紀元前二〇六年にあっけなく滅亡する。これに代わって中国の新たな覇者となったのが前漢であった。

前漢は、郡県制に加え、直接支配の難しい地方に封建制的支配を一部復活させる。そして、文明世界たる中華と野蛮世界の蕃夷を区別する中華思想と、中華の君主がその高い徳によって蕃夷を教化するという伝統的な王化思想に基づき、その支配体制を異民族にも積極的に適用する。こうして皇帝は、野蛮な諸民族をも従える文明世界の中心的支配者とされ、異民族の君長が貢物をもって通行関係を求めることを、中華の皇帝の徳を慕う蕃夷の朝貢とみなした。また朝貢した蕃夷の君長に「王」や「侯」などの爵位を与え、外臣として冊封（冊立）したりした。こうした中国の郡県支配と朝貢、冊封の政治関係が、日本列島の弥生時代にも大きなインパク

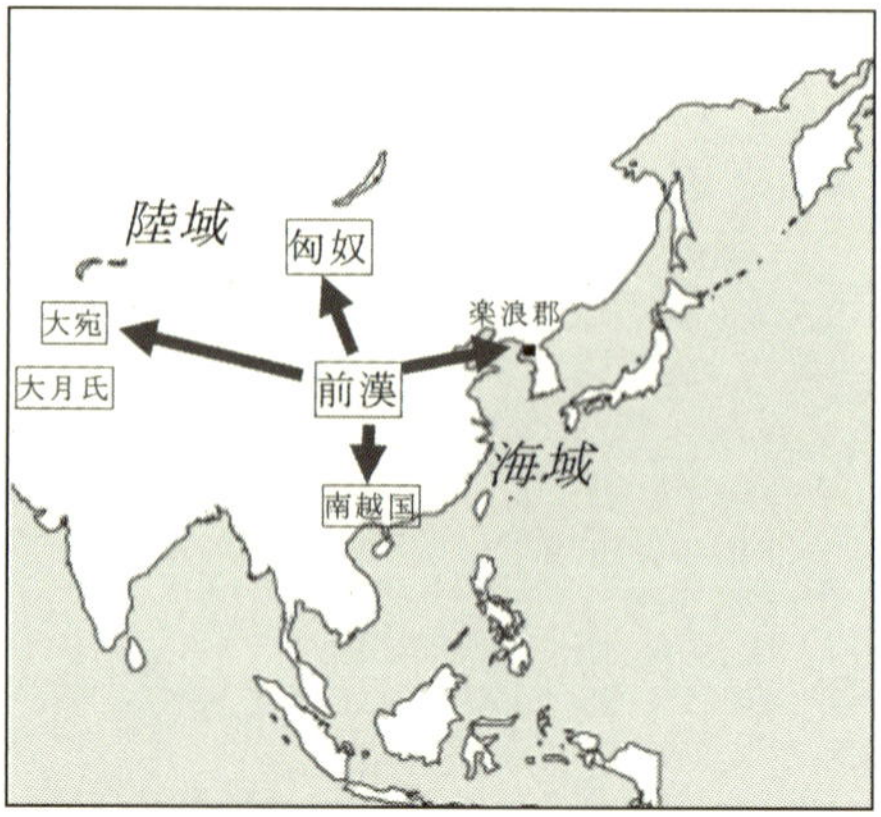

図2　前漢武帝の領域拡大と東部ユーラシア

トを与えることとなる。

なかでも、紀元前一四一年に即位した前漢の武帝は、匈奴や大宛に攻勢をかけて北方・西方の中央ユーラシアへの影響力を強めるとともに、南方・東方の海域世界にも積極的な新出をはかった皇帝である。武帝はまず、モンゴル高原を中心に一大勢力を誇って最大の脅威となっていた匈奴に武力攻勢をかけ、オルドスや河西回廊を攻略し、郡県を置くなどして北方・西方の中央ユーラシアへの支配力を強化する。そしてこれに成果がみられると、次いで中国南部からベトナム北部を勢力圏とした南越国に圧力をかけ、軍船を仕立てて紀元前一一一年には滅ぼした。そしてその領域にも九郡を置いて、漢の直轄地としていった。するとこの三年後には、船団を朝鮮半島にふり向け、山東と遼東の海・陸両面から衛氏朝鮮を攻め滅ぼし、楽浪・真番・臨屯・玄菟の四郡を設置する。このうち、真番・臨屯・玄菟の三郡はその後撤退・縮小を余儀なくされたが、現在の北朝鮮の平壌を中心とした楽浪郡は、他郡管轄県の一部を吸収しつつ、漢の東方進出の前線基地として成長した。その郡治は、大同江を五〇キロほど遡った汽水域にあり、東アジアの海に開けた海港都市としての優位性を利用し、東アジア海域史に大きな影響を及ぼすようになっていったのである。

このように武帝は、北方・西方の陸域に対する支配力・影響力を強化して、南方・東方の海域支配を積極的にすすめていった。また、匈奴との抗争に備え西域諸国との提携を重視したため、西域との通行も活発化して、物産や情報の行き来が格段に増大した。西嶋は朝鮮半島に郡県支配が及んだ前漢武帝の時代を「東アジア世界」形成の端緒とみたが、筆者は、中国を介してその四方の陸・海の地域世界がつながる東部ユーラシア規模の史的連関構造の基盤が、まさにこのときに形作られたと考えるのである【図2】。

五、広がる漢字文化

中国王朝による朝鮮半島の郡県支配は、東アジア海域への漢字文化の伝播にも最初のきっかけを与えることになった。これにより朝鮮半島に配された漢の役人は、封泥の印などを用いた中国式の文書行政を持ち込んだ。そして、中国と政治的関係を強めて権威を高めたい朝鮮半島や日本列島の首長層は、その文字文化を受容したのである。けれども、この段階の日本列島に

図3　4～5世紀の朝鮮半島

おける漢字文化の痕跡は、志賀島の金印に代表される中国王朝との交渉に関するものか、一字程度の文字の記された土器片の存在に限られる。このことは郡県支配時代の倭人社会が、漢字文化を政治・制度・思想に及ぶ体系的な文化としてではなく、中華王朝への接近によって自らの地位と権威を高めるための道具、象徴、あるいは吉祥的な意味を持つものとして、いわば〈文明の記号〉として限定的に受容していたことを示すものだろう。

しかし、二八〇年に統一的な中華王朝を打ち立てた晋が、非漢族を中心とする諸族の反乱によって三一一年に江南に追われ、華北が五胡十六国の分立興亡時代に突入すると、東アジア海域世界をめぐる状況は一変する。この二年後、朝鮮半島北方の強国高句麗は、華北の争乱で孤立した楽浪郡・帯方郡を攻略し、朝鮮半島の郡県支配が終焉したのである。その南では、高句麗と対抗する百済が成長し、倭人の支配層に様々な先進文物・文化を贈与して、軍事的な連携を働きかけるようになった。また中華国は南北に分裂し、両朝が激しく対立するようになった。こうした国際関係のなかで、東アジアの漢字文化も新たな段階を迎える【図3】。

この時代の朝鮮半島と日本列島の漢字文化に重要な役割を果たしていたのは、中国系人士層である。彼らは華北の争乱と楽浪郡・帯方郡滅亡を契機に、朝鮮半島に亡命・流入した中国系の知識人、及びその文化と姓を受け継ぐ子孫たちで、高句麗や百済に包摂されると、その知識で両王権の成長を助けた。そして、この文字文化を持つ人たちが、百済を介して倭へも渡来した。中国典籍に広く精通する彼らは、晋回帰の志向が強く、特に晋代の語句用例を好んで用いる。互いに対立、連携する高句麗・百済・倭は、それぞれ中国王朝を味方につけようと、積極的な対中外交を展開したが、その際に用いた儒教的色彩の強い外交文書にも、この中国系人士層の漢字文化の特徴がよくあらわれている。その共通性は、同じく漢字を用いて中国と交流を行った中国南方諸国が、むしろ仏教的修辞を好んでもちいたのと比べても、明らかである。(8)

つまり、中国王朝に「東夷」と呼ばれ、また冊封されていった朝鮮半島・日本列島の諸王権は、相互の競合・連携状況に、中国王朝の政治力とその世界観を利用するという共通の行動様式をとった。それを支えた共通の思想・知恵・価値・技術の多くは、中国王朝との外交関係よりも、華北の争乱で流動化した人の流れが運んでいたということである。そしてこの共通の漢字文化を基礎に、中国とは異なる朝鮮半島と日本列島だけに特徴的な漢字文化も形成されていく。そのほとんどは、朝鮮半島の社会や文化にあわせて改変された漢字文化が、日朝両地域の密接な交流関係のなかで日本列島にも伝わったものとみられる。

以上のように、東アジアに広がる漢字文化の基礎に、争乱のなか「民族」「国」を越えて移動・定着する人々、あるいはそれを取り込み自立的な成長を目論む諸王権の交流の連鎖があった。漢字文化の広がりは、一極から同心円的に広がる国際秩序としての冊封関係だけが規定していたわけではないのである。

むすび

現在、グローバリゼーションの進展で経済的な実力と結びつきをさらに強めた東アジアは、近代の欧米中心の国際秩序に変更を迫りながら、一方で歴史を総動員し、ナショナリズムを強化して対立することでも不気味に共鳴し合っている。そして前近代においても、史的空間としての東アジアは、平和的な関係のなかだけで形成されたものではなかった。けれども、こうして形成された東アジアの文化の共通性が、「民族」や「国」を超えた地域間の多様な交流史の産物であったこと、それゆえその文化には様々な主体性と多様性が内包されていることに、筆者は東アジアの寛容性と可能性を見出したいとも思うのである。

参考文献
田中史生『越境の古代史』(ちくま新書、二〇〇九年)
李成市『東アジア文化圏の形成』(山川出版社、二〇〇〇年)

注

(1) 西嶋定生の東アジア世界に関する諸論を知るには、李成市編による西嶋定生『古代東アジア世界と日本』(岩波書店、二〇〇〇年)が便利である。また李成市『東アジア文化圏の形成』(山川出版社、二〇〇〇年)には、西嶋説の成果と課題がわかりやすく整理されている。

(2) 西嶋の東アジア世界論が生み出された時代背景については李成市『東アジア文化圏の形成』(山川出版社、二〇〇〇年)、田中史生『越境の古代史』(ちくま新書、二〇〇九年)などを参照。

(3) 東アジア史を東部ユーラシア論の視点から全面的に読み直したものとして廣瀬憲雄『古代日本外交史―東部ユーラシアの視点から読み直す―』(講談社選書メチエ、二〇一四年)がある。

(4) 域アジア史の射程と成果については、桃木至朗編『海域アジア史研究入門』(岩波書店、二〇〇八年)を参照。

(5) 濱下武志「歴史研究と地域研究―歴史にあらわれた地域空間―」『地域史とは何か』〈地域の世界史Ⅰ〉山川出版社、一九九七年。

(6) 小林青樹「春秋戦国時代の燕国と弥生文化」『歴史のなかの人間』〈野州叢書3〉おうふう、二〇一二年。

(7) 鶴間和幸「秦漢帝国と東アジア海域」『東アジア海をめぐる交流の歴史的展開』東方書店、二〇一〇年。

(8) 田中史生『倭国と渡来人―交錯する「内」と「外」―』吉川弘文館、二〇〇五年。

第6章　前近代東アジアの国際関係としての冊封《さくほう》体制

佐藤佑治

近代以降の世界は、理念を西欧に発する「国際法」（幕末明治には「万国公法」ともいった）にもとづく国際関係が結ばれている。それでは近代を迎えるまでの「東アジア」にはどのような国際秩序が存在し、それがどのように機能していたのであろうか。

はじめに

現代日本の国際関係を考える場合、近代以前において東アジアの国際関係がどのような状態にあったのかをふりかえることは大きな参考になる。私は、これまで折りにふれこうした問題を考えてきたが、(1) ここではこれまでの議論をまとめておきたい。

さてまず、本論での「前近代」という語について述べておこう。いうまでもなく前近代は言葉としては古代・中世をとおしての時代をさすが、ここではおもに近代に直接つながる時代（日本史で言う近世）として考える。この時代をとりあげるのは、冊封体制(2)が集大成された時代と考えられることと、近代に直接つながるために前後で比較しやすいという二つの理由からである。ただし、冊封体制は、それ以前から存在するのであるから、議論の必要上、時には歴史をさかのぼることもある。

次に「東アジア」について説明しておこう。この語も、言葉としてはアジア東部を指すのであるから（事実、戦前の「東亜新秩序」「大東亜共栄圏」などの「東亜」はそのような意味に使われた）、現在の日本語で言えば、東南アジア、東北（北東とも）アジアの総合名称であるのが本来は妥当であろうが、実際には、ほぼ東北アジアの意味でつかわれることが多い。（このことの意味は別途考究の対象となるが、ここでは言及しない）ここでもこれにしたがう。本稿で扱う「東アジア」の地理範囲は、中国大陸にあっては清朝、朝鮮半島にあっては朝鮮王朝、日本列島にあっては江戸幕府、琉球列島の琉球王国、そして東南アジアの一角であるヴェトナムのグエン（阮）朝である。(3)

以上のように限定をしたうえで以下本論に入ろう。

一、冊封体制の基礎（1）中華思想

中華（華夏とも）思想がいつ発生したかを特定することはかなりむつかしい。伝説（最近実在が取りざたされるようになった）の最初の王朝が「夏」という名前であることから、その起源は相当に古いと考えられる。もともとはどの民族も持つ「自分たちが一番」という意識から始まったのであろう。

その夏から次の殷（商とも）をへて、三〇〇〇年前の周王朝にはすでにその考え方が明確にみられる。興味深いのは、彼ら自身の出身が、殷王朝の西部辺境であることであり、黄河中流域のいわゆる「中原」の地域が「中国」と呼ばれていた。もともとは辺境にいた周が「中原」を統合する過程で、中華思想そしてそれを支える「封建制度」[4]を確立したのである。

中華は「世界の中心で文化の華のにおうところ」の意であるから、「文化」こそが重要であって、種族・部族・民族の違いを第一ととらえる考え方でないことに注意したい。つまり中華思想は、政治的・社会的概念ではなく、何より文化的概念なのである。この点が、中華思想が単なる「自分たちが一番」という意識とは区別され、長い寿命を保ちえたものと考えられる。

例えば中国王朝の歴史を振り返ってみると、古い時代の「周」はひとまず置くとして、唐、遼、西夏、金、元、清といわゆる漢民族でない王朝が、たえずあらわれ、かれらもまた「中華」をなのったのである。「中華」は、いわゆる中国人（漢民族）の独占物ではなかった。

さらには中国大陸のみならず、朝鮮・日本・ヴェトナムでも自らを「中華」と考える、いわゆる「小中華」意識が生まれているのである。江戸期の日本で言えば、「琉球」「朝鮮」「蝦夷」さらには「南蛮」「阿蘭陀《オランダ》」「俄羅斯《オロス》」などを、辺境の野蛮と考え、自らを中心・文化と考えている。[5]また、この「文化」の具体的内容は、時代が下り儒教の影響力が強まる中で、儒教的礼制をもっぱらさすようになってくる。とくに宋学（朱子学・新儒学）が、大きな影響力をふるった。宋学では、「華夷の弁」（中華と夷狄《いてき》(6)の区別）が重要視された。

少し時代をさかのぼると、周が春秋戦国時代（BC八〜BC三世紀）に入ると、「夷狄《いてき》」に追われ、かって殷がいた中原の地域に移ると、「尊王攘夷」の言葉でわかるように、彼らの中華意識は強烈となる。そしてこれ以後の中国の歴史を通観してみると、春秋戦国時代のように中国が外部（前近代にあっては主に北方）からの侵略を受けるとこれが繰り返され、中華意識がかきたてられるのである。たとえば南宋末期、明末期、清末中華民国期、抗日戦争期などがそうである。

近現代の「中華民国」「中華人民共和国」という国号は、イギリスを頂点とする欧米列強（唯一の開港場が南の広州にあったので、ここに入港してきた欧米人も南蛮とよばれる。日本語の南蛮と意味のずれがある）や、かっては東夷と見下していた日本の侵略と戦う中で命名されたのである。

二、冊封体制の基礎（2）天子思想・王化思想

欧米にあって宇宙の秩序原理としてのGOD（＝神）があるように、東アジアでは、「天」がその役割を担った。この思想もまた起源は特定できないが、中華思想と同じく、周の時代に

はっきりとその姿を現す。

秩序原理である天は意思（「天命」とよぶ）をもち、地上（「天下」とよぶ）に支配者としてふさわしい徳をもつ天の意思の代行者（「天子」とよぶ）に天命を下し、天下をおさめさせる。もし代行者が徳を失えば（この思想の大成者の孟子(7)はこの失徳者を、もはや「君」ではなく「一夫」としている）、天は天命を革《あらた》（改）めて（これを「革命」とよぶ）、別人に天命を改めて下し、王朝交代がおこる。

したがって天下に天子（周では王、秦の始皇帝以後は皇帝ともよばれる）は一人であり、「天に二日なく、民に二王なし(8)」というのが基本思想である。それ故、天子が二人いることは論理矛盾（実際の歴史ではあるが）となる。

天子は徳を持つのであるから、周辺の夷狄はその徳を慕って、中華に「朝貢」（中国朝廷に貢物を持って挨拶に来るの意）してくるものと考えられた。天子は、こうして夷狄を中華の文化に包含してゆくことが期待された。これを王化思想という。

言葉を変えて言うと、天子の徳が高ければ高いほど、王化の徳の範囲は広がる＝多くの国々が来朝する、ということになる。たとえば日本列島のような、当時の中国から見れば東方の「絶域」と呼ばれた遠隔地からきた使節団は、中国王朝から高待遇を受けることになる。典型的な例が、卑弥呼の場合であり、当時の倭がもっていった粗末な貢物（「方物」）に対する豪華な返礼の品（「回賜」）にあらわれている。この際には、倭自体に加えて卑弥呼個人にも返礼品が与えられているのである。

そしてこの天子も中国人（漢民族）に限定されていないことに注意したい。徳は民族をこえる概念だから、その徳を持てば、「夷狄」も「中華」にまさに変化するのである。これが文もて化する＝文化の原義である。

もちろん日本の天皇という称号も、この一種である。最近あまり使わないが、私の祖母などの世代は、天皇を「天子さま」と敬愛を込めてよんでいた。

三、冊封体制

さて以上二つの基礎の上に冊封体制を考えてみることにする。

前節で述べたように、天子は「天《あま》が下《した》」の支配者であり、「天が下」という以上、論理的に言えばその支配権は地上世界のすべてにおよぶことになる。そして「中華」の周辺の人々は、天子の徳を慕ってくることが想定されており、遠い地域の人々であればあるほど、天子の徳が及ぶ範囲が広いわけで、善政の証拠となる。「東夷」のはての倭人は優遇される道理であった。

天子の徳を慕って（と考えるのである。決して交易目的などとは考えない）「朝貢」してきた人々は、天の秩序の中心である中華の世界に入ろうとしていると考えるので、夷狄は冊封を経て、中国王朝内の臣下を意味する「内臣」に対して、「外臣」と位置付けられ、天の秩序の地上におけるあらわれである天子体制に組み込まれる。こうしてかれらも中華世界の構成員と認められることになる。

冊封で任命される「某（国）王」（例、倭（国）王）の王は、周の「王」（天子）の意味ではなく、皇帝という称号が使われるようになった始皇帝以後の「王」で、ある地域（たとえば倭）の支配権を天子からゆだねられたことを意味する。このような構造を持つ冊封体制のもとでは、古代大和朝廷が「対等外交」を志向しても、それは主観的願望であり、中国側から見れば、客観的、論理的にありえないということになる。

歴史的に言えば、冊封も周の時代にその姿を現すが、この段階ではまだその及ぶ地理的範囲は、限定的である。本稿で述べている東アジアという世界での「冊封」の起源は、郡国制をとった前漢王朝時代の「朝鮮」や「南越」からとされている。後漢王朝時代にはいると、日本列島でも、「倭奴国」が光武帝から、印綬をあたえられ、「漢倭奴国王」に冊封されている。

しかしここでは、「はじめに」で述べたように、近代に直接つながる時代を主に扱うのでその時代に限定して述べてみよう。

冊封体制の中心は、いつも中国大陸（中国人＝漢民族に限定されていないことを再確認しておきたい）であったので、まず清朝を中心にこの時代の冊封体制を考えてみよう。

清朝は、その領域がほぼ現在の中華人民共和国と重なるのであり、まさにこの意味でも近現代中国と比較しうる。実は私たちがいう中国（漢民族が主に住む土地、英語で言うMainland

China）は、今の中国の領域に比べかなり狭いのである。おおよそ中華人民共和国の周辺にひろがる「自治区」を除いた部分が、大きくいっても元来の中国である。すなわち清朝になり、中国は今の中国の広さに拡大したのである。

この広い領域と領域外を清朝は次のような重層的支配秩序で運営していた。東アジアを中心から外縁にそって説明すると次のようになる。[9]

1、郡県制
2、土司《どし》・土官制…………少数民族など
3、藩部……………モンゴル・チベット・回部など
4、朝貢……………朝鮮・琉球・ヴェトナムなど
5、互市《ごし》……………日本
6、化外《かがい》……………ヨーロッパ・イスラム・南アジアなどの非東アジア世界

1から3までが現在の中国であり、ここでいう冊封は主に4で行われる。日本（江戸幕府）のみが、東アジアでは冊封を受けず、互市（通商）のレベルでの交際であった。当時の東アジア世界の秩序を清朝を中心にしてみてみるとこのようであった。

さてこれを日本（江戸幕府）を中心にしてみてみると[10]、

1、天領（幕府直轄領）
2、大名領
3、長崎（幕府直轄都市）窓口の阿蘭陀・清国（国交を伴わない「通商」の関係）
4、対馬藩窓口の朝鮮（対等な国家間の国交である「通信」の関係）
5、薩摩藩経由の琉球（擬似朝貢）
　松前藩経由の蝦夷地（同上）
6、それ以外の国々

また朝鮮王朝を中心にしてみると、[11]

0、清　宗主国
1、道制（中国の郡県制にあたる、なお済州島は、いわゆる内地とは扱いがやや違う）
2、対馬（擬似朝貢）
3、日本、琉球（「通信」の関係）
4、それ以外の国々

というように、日本・朝鮮はそれぞれがまた小中華世界を構想していたのである。

以上のように、前近代の東アジアでは、それぞれの中華思想にのっとった重層的に重なった世界が展開しており、冊封体制がそのなかで中心的役割を果たしていたのであるが、日本だけが清の冊封を受けない状態にあった。

このことは、いわゆる「西欧の衝撃」を受けた時に、清・朝鮮王朝・琉球王国・江戸幕府の対応の違い、近代化の歩みの違いを生み出す重要な条件になったと思われる。このことについては別の機会に考えてみたい。

おわりに

以上述べたことが、前近代東アジア世界の国際状況・国際秩序の実態であった。他の世界と同様、欧米列強による「世界史の成立」が進行する中で、それぞれの地域（東アジア、インド、イスラム、ヨーロッパなど）の歴史は、世界史に統合されていった。国際秩序で言えば、東アジア世界にあっては「冊封体制」が崩壊し、[12] ほかの地域と同じく「万国公法」（国際法）秩序がとってかわった。

発祥のヨーロッパ世界では、理念的には諸国平等とされた国際法も、非ヨーロッパ世界で具体的に運用される場合には、不平等条約の存在が示すように、支配の仕組みを持つものとしての姿をあらわにしたのである。（ヨーロッパ世界の国家同士でも、現実の表れとしては、必ず

しも平等でなかったのであるが）

「不平等」の根拠になったのが、非ヨーロッパ世界が近代法体系にもとづく近代的「文明」国家になっていないことであった。これはこれで欧米型中華思想といえるかもしれないが、このことは別途考えてみたい。

参考文献

荒野泰典『近世日本と東アジア』東京大学出版会、一九八八年
荒野・石井・村井編『アジアの中の日本史V　自意識と相互理解』東京大学出版会、一九九三年
岡田英弘編『清朝とは何か』（別冊環16）藤原書店、二〇〇九年
紙屋敦之『琉球と日本・中国』山川出版社、（日本史リブレット43）、二〇〇三年
関東学院大学文学部比較文化学科編『比較文化をいかに学ぶか』明石書店、二〇〇四年
同上の増補改訂版、明石書店、二〇〇九年
金文京『漢文と東アジア──訓読の文化圏』岩波新書、二〇一〇年
田中史生『越境の古代史』ちくま新書、二〇〇九年
西嶋定生『古代東アジア世界と日本』岩波現代文庫、二〇〇〇年
西嶋定生『東アジア世界と冊封体制』（西嶋定生東アジア論集第三巻）岩波書店、二〇〇二年
浜下武志『朝貢システムと近代アジア』岩波書店、一九九七年
堀敏一『中国と古代東アジア世界』岩波書店、一九九三年

桃木至朗『歴史世界としての東南アジア』山川出版社、(世界史リブレット12)、一九九六年
山内弘一『朝鮮からみた華夷思想』山川出版社、(世界史リブレット67)、二〇〇三年
李成市『東アジア文化圏の形成』山川出版社、(世界史リブレット13)、二〇〇〇年

なお本稿は、『総合研究推進機構「東アジアにおける安全保障の研究」プロジェクト報告書』(二〇一一年三月)所載の拙稿「前近代中国の冊封体制覚書」を補訂したものである。

注

(1)「古代日本における中国文化の受容」(関東学院大学文学部比較文化学科編『比較文化をいかに学ぶか』明石書店、二〇〇四年所収)、「中国から見た遣隋使・遣唐使」(同上の増補改訂版、明石書店、二〇〇九年所収)

(2) 冊封体制については多くの論著があらわされているが、いまはこの語の創始者である西嶋定生の「六—八世紀の東アジア」(『岩波講座日本歴史』古代二、一九六二年)などを収めた『古代東アジア世界と日本』(岩波現代文庫、二〇〇〇年)と、現在の議論状況をまとめた李成市『東アジア文化圏の形成』(山川出版社、世界史リブレット13、二〇〇〇年)の二冊を挙げるにとどめる。詳しい内容については、後者所収の「参考文献」を参照されたい。

(3) 西嶋定生は東アジア文化に共通するものとして、漢字、漢訳仏教、儒教、律令制をあげ、この東アジア世界の文化を規制する政治構造(中国王朝の支配)の国際秩序を冊封体制と呼んだのである。
なお、最近の東アジア文化論として、この世界を漢文文化圏としてとらえた金文京『漢文と東アジア—訓読の文化圏』(岩波新書、二〇一〇年)が出色である。

（4）ここでいう「封建制度」は、現在日本語で使う封建制度（＝Feudalism）とは、上位者からの土地・人民の授与、下位者からの貢納と軍事奉仕（「御恩と奉公」）という点では同じだが、個人と個人の関係ではなく、一族と一族の関係（氏族制社会の段階）である点が違う。
また「冊封」の「封」は「封建」のことである。「冊」は任命書、「封」は土盛りをしてなわばりを決め、そこの支配者とすることが原義である。
（5）小中華世界を歴史的に考察したものに以下がある。酒寄雅志「華夷思想の諸相」（荒野・石井・村井編『アジアの中の日本史V　自意識と相互理解』東京大学出版会、一九九三年、所収）
（6）中華のまわりの野蛮人を、東方―夷、南方―蛮、西方―戎（じゅう）、北方―狄（てき）と称し、総称して夷狄といった。
（7）『孟子』「梁恵王篇」下
（8）『孟子』「万章篇」上
（9）ここでの説明は、浜下武志『朝貢システムと近代アジア』（岩波書店、一九九七年）による。
なお清朝全体については、多くの著作があるが、ここでは最近のものとして、岡田英弘編『清朝とは何か』（別冊環16、藤原書店、二〇〇九年）をあげるにとどめる。
（10）荒野泰典『近世日本と東アジア』東京大学出版会、一九八八年参照。
（11）山内弘一『朝鮮からみた華夷思想』山川出版社、世界史リブレット67、二〇〇三年参照。
（12）冊封体制の終焉は、最後の冊封国である朝鮮王国が、日清戦争（甲午中日戦争）の結果、「独立国」となったことによる。

第Ⅲ部　東アジアの経済

第7章　朝鮮民主主義人民共和国の対外経済政策
——朝中・南北関係を中心に——

大内憲昭

はじめに——朝鮮の「経済特区」前史

朝鮮民主主義人民共和国（以下、朝鮮）は、一九九一年一二月二八日、朝鮮・ロシア・中国の国境地帯の豆満江開発のために、その地域の咸鏡北道の羅津市と先鋒郡の一部に「自由経済貿易地帯」（総面積六二一平方キロメートル）を設置することを決定した。この措置は、朝鮮が従来の自立的民族経済政策に外国資本を導入する対外経済「開放」政策を採用したものと言える。

一九八七年から開始された第三次七カ年計画（—一九九三年）を総括した朝鮮労働党中央委員会第六期第二一回総会（一九九三年一二月八日）は、計画期間中のソ連と東欧諸国の社会主義の消滅・「体制転換」により、社会主義世界市場が崩壊し、第三次七カ年計画が当初、予見したようには遂行できなくなり、「変化した環境にそくして対外経済関係において方向転換」

せざるをえなくなったとしている。そして、今後二、三年間（後に、三年間と決定）を社会主義経済建設の緩衝期と定め、その期間中に「農業第一主義、軽工業第一主義、貿易第一主義」で進むことを決定した。この「戦略的方向転換」政策は、一九九四年元旦の金日成の最後の「新年の辞」でも、また一九九四年四月に招集された最高人民会議第九期第七回会議での姜成山政務院総理の報告においても強調されている。さらにこの「戦略的方向転換」が一九九二年四月の憲法改正(1)においても示されている。

一九九七年一月下旬から二月上旬にかけてスイスのダボスで開かれた「世界経済フォーラム」年次総会で、朝鮮の対外経済協力推進委員会の金正宇委員長は、「羅津―先鋒が成功すれば、元山、南浦にも保税加工区を作る」と述べ、経済開放化を一歩進める構想を打ち出した。(2)

本稿では、「戦略的方向転換」である「外資導入政策」における四つの「経済特区」、朝鮮・中国の経済協力および最近の朝鮮における「経済開発区」政策について考察することにする。

一、朝鮮の四つの「経済特区」

朝鮮国内には「経済特区」といえる地域が四カ所ある。「羅先経済貿易地帯」「新義州特別行政区」「開城工業地区」「金剛山観光地区」である。開城と金剛山の開発と事業は、韓国の現代峨山が担っている。「羅先経済貿易地帯」は中国が「改革開放政策」の中で設けた「経済特区」に倣ったものであり、また「新義州特別行政区」も「香港特別行政区」に倣ったものである。すなわち、「羅先経済貿易地帯」と「新義州特別行政区」は、外国資本を朝鮮国内に誘致することを目的とし、「開城工業地区」「金剛山観光地区」の開発は、韓国からの民族資本の誘致を目的としている。

本節では、そのうち三特区（「羅先経済貿易地帯」「新義州特別行政区」「金剛山観光地区」）について言及し、「開城工業地区」は第三節で論じることにする。

1. 羅先経済貿易地帯

羅津市・先鋒郡は、豆満江を間において、ロシア、中国と国境を接し、日本とも向かい合い、日本海と大陸を連結する地域である。

一九九一年一二月二八日、朝鮮・ロシア・中国の国境地帯の豆満江開発のために日本海側（南北朝鮮では「東海」）、咸鏡北道の羅津市と先鋒郡の一部に「自由経済貿易地帯」（総面積六二一平方キロメートル）が設置された（政務院決定第七四号「自由経済貿易地帯の設置について」）。

朝鮮政府は、一九九三年一月三一日に「自由経済貿易地帯法」を制定し、同年九月二四日に羅津市・先鋒郡を「羅津・先鋒市」（七六四平方キロメートル）に改称し、直轄市とした。「自由経済貿易地帯法」は一九九九年二月二六日に「羅先経済貿易地帯法」（全七章四二条）

に改称され、補充修正された。また「羅津・先鋒市」は二〇〇五年一月に「羅先特級市」、二〇〇六年九月に「羅先直轄市」に、二〇一〇年一月には特別市に格上げされた（特別市は他に南浦市）。

羅先経済貿易地帯が当初の想定通りには進展しなかったが、その原因については、朝鮮の社会科学院経済研究所国際経済関係室長は、以下の二点を指摘している。

第一に、一九九一年のソ連邦の消滅、東欧社会主義諸国の崩壊の結果、従来朝鮮の貿易の七〇%を占めていた社会主義市場が消滅し、主要な貿易相手国を失い、またこれまでのバーター方式からドル決済へと取引方式が転換した。その結果、はじめて資本主義市場を相手にしなければならなくなったが、その経験がなかったこと、第二に、朝鮮半島の情勢が、九〇年代半ば、米国による反共和国圧殺策動が以前よりもまして強まり、狡猾になり、軍事的緊張が強いられたことである。

2. 新義州特別行政区

二〇〇二年九月一二日、羅先経済貿易地帯とは反対側に位置する、鴨緑江沿いの中国との国境に面する新義州市を「特別行政区」とする「新義州特別行政区基本法」が制定された。本法は、中国の「香港特別行政区基本法」に倣ったものであると言える。

新義州市を「主権が行使される特別行政単位」とし「中央に直結させる」（第一条）ことを

前提として、特別行政区に「立法権・行政権・司法権」の三権を帰属させ（第二条）、五〇年間は特別行政区の法律制度を変化させないと規定した（第三条）。特別行政区内には国内の「国籍、国章、国旗、首都、領海、領空、国家安全」に関する法規以外は適用せずに、「国際的な金融、貿易、産業、工業、先端科学、娯楽、観光地区」（第一三条）を建設し、土地の賃借を認め、その期間を二〇五二年一二月三一日までと規定した（第一五条）。また独自の貨幣金融施策、特恵的な税金制度、特恵関税制度を認め、社会主義体制内での「資本主義化」を五〇年間認めることにした。

香港特別行政区では、一九九七年七月一日に香港が中国に返還されるのに伴い、百年来の英国統治下の資本主義体制を「一国二制度」の方針に照らして、五〇年間変更しないとされた[3]。香港特別行政区は、資本主義制度の香港の制度を社会主義制度の中国にそのまま組み込んだのであり、新義州特別行政区は、社会主義制度内に資本主義を作り出そうとする試みであった。それも、中国の最初の経済特区の深圳のように、社会主義制度内に経済のみの資本主義制度を作り出したのとは違い、立法・行政・司法の諸権力を中央から分離し、新義州特別行政区に付与している。しかし、この開発計画は暗礁にのりあげた形となり、実現されなかった[4]。

3. 金剛山観光地区

(1) 金剛山観光地区

一九九八年四月三〇日、韓国政府は「南北経済協力活性化措置」を発表した。同年六月、韓国現代(ヒュンダイ)グループの故鄭周永名誉会長一行が訪朝し、朝鮮アジア太平洋平和委員会との間で金剛山観光および開発事業に合意した。一一月一八日、観光船金剛号が離散家族など八二六名を乗せて出航したのが金剛山観光の始まりである。朝鮮側は二〇〇二年一〇月二三日、江原道高城郡の金剛山地区とその周辺の一部に「金剛山観光地区」を設ける政令を発表し、同年一一月一三日、「金剛山観光地区法」を制定した。また二〇〇三年五月一二日には「金剛山観光地区開発規定」が採択された。

金剛山には、一九九八年一一月から二〇〇八年七月までに二〇〇万の韓国人観光客が訪れている。また現代グループは金剛山開発に関して三〇年間の土地・施設利用権、観光事業件を取得した。(5)

(2) 金剛山観光地区での観光客「射殺」事件と観光の中断

二〇〇八年七月一一日、金剛山の朝鮮側軍事統制区域内で朝鮮人民軍兵士による韓国観光客射殺事件が発生する。これに対して韓国政府は、即時観光を中断した。

二〇〇八年二月に政権に就いた李明博大統領は、金大中・盧武鉉政権それぞれが金正日総書記との間で署名した六・一五共同宣言（二〇〇〇年六月一五日 金大中大統領）、一〇・四宣言（二〇〇七年一〇月四日 盧武鉉大統領）の履行を拒否し、北との対決姿勢へと政策転換をした。

二〇一〇年二月八日、朝鮮アジア太平洋平和委員会と韓国統一部は、南北実務接触を開城で行ったが、合意することはできなかった。

同年四月八日、朝鮮の名勝地総合開発指導局は声明を発表し、金剛山観光地区の南側不動産の凍結を表明、二三日には金剛山観光地区の南側資産の没収を発表した。

二〇一一年四月八日、朝鮮アジア太平洋平和委員会は、三年間再開されない状況の中で「金剛山観光と関連した既存の合意は既に効力を失った」とし、現代の金剛山観光独占権の取り消しを発表した。

(3) 金剛山国際観光特区

二〇一一年四月二九日、最高人民会議常任委員会政令で「金剛山国際観光特区の設置」が発表された。政令には、江原道の金剛山地区に朝鮮金剛山国際観光特区を設定し、特区には朝鮮の主権が行使されること、同政令公布に伴い、二〇〇二年一〇月二三日付の朝鮮民主主義人民共和国常任委員会政令「朝鮮民主主義人民共和国金剛山観光地区を設置することについて」は失効することが規定されている。五月三一日、「朝鮮民主主義人民共和国金剛山国際観光特区法」が制定された（最高人民会議常任委員会政令第一六七三号）。政令では、二〇〇二年一一月一三日に採択された「朝鮮民主主義人民共和国金剛山観光地区法」[6]とその施行規定の失効が規定されている。二〇一一年六月二七日には「金剛山国際観光特区観光規定」が採択された。

特区法では、「国際観光特区」に投資することができるのは、「外国の法人、個人、経済組織」（第四条一項）であり、「南側および海外同胞、共和国の関連機関、団体」（同条二項）も投資することができる。観光当事者は外国人であり（第一八条一項）、「共和国公民と南側および海外同胞」も観光することができる（同条二項）。労働力の採用に関しては「共和国の労働力、または南側および海外同胞の労働力」を採用することができると定められている（第三三条）。

二、朝中経済協力

1．羅先経済貿易地帯

朝鮮と中国の間での羅先経済貿易地帯の共同開発および共同管理プロジェクトの着工式が二〇一一年六月八日・九日に行われた。

朝中共同指導委員会朝鮮側委員長は張成沢国防委員会副委員長[7]であり、中朝共同指導委員会中国側委員長は陳徳銘商務相である。

着工式の祝賀演説で両委員長は、「羅先経済貿易地帯は豆満江を挟んで朝鮮と中国、ロシアがつながっており、朝鮮東海（日本海）に面していて東北アジアと欧州、北米地域をつなぐ世界的な貿易および投資中心地になる有利な条件を持っている」と強調し、「両国が積極的に協力して電力問題を早急に解決し、羅津港の現代化、羅津港―元汀道路の改修を年内に終えて中継貨物輸送と観光業で転換をもたらすべきである」と指摘した(8)。

羅先経済貿易地帯は七六四平方キロメートル（開発可能地域　四六九平方キロメートル）の広さを持ち、地帯での最低賃金は月額八〇ドルである。この賃金は開城工業地区の六三・八一ドルより二五％高いが、中国企業の最低賃金の半分に満たない。中国は月額最低賃金一六七ドルである（朝鮮社会科学院経済研究所国際経済関係室長による）。

2．黄金坪・威化島経済地帯

二〇一一年六月六日　最高人民会議常任委員会政令第一六九三号「黄金坪・威化島経済地帯設置」が発表された。

六月八日、九日、朝中間で黄金坪・威化島経済地帯共同開発および共同管理プロジェクトの着工式が行われ、朝中共同指導委員会朝鮮側委員長である張成沢国防委員会副委員長と中朝共同指導委員会中国側委員長である陳徳銘商務相が参加した。

黄金坪は鴨緑江の中洲、中朝親善橋の西側にあり面積一一・九四平方キロメートル、威化島は黄金坪の上流にあり、面積は一二・二七平方キロメートルである。

中国の東北三省を後背地として、黄金坪・威化島経済地帯は中国遼寧省沿海部の工業地帯と鴨緑江流域の共同経済開発による経済効果の拡大が期待され、新義州と中国の丹東を連結する東北アジアの中心地帯、国際的な貿易の中心となりうる（朝鮮・経済研究所国際経済関係室長）。

二〇一一年一二月三日、「黄金坪・威化島経済地帯法」（最高人民会議常任委員会政令第二〇〇六号）が採択された。本法は、全七章七四条、附則二条で構成されている。

三、開城工業地区

1. 南北経済協力

南北経済協力の象徴的意味をもつ「開城工業地区」と「金剛山観光地区」の開発事業は、韓国現代（ヒュンダイ）グループの故鄭周永名誉会長がその先鞭をつけ、一九九八年一一月に金剛山観光船が初出航したことに始まる。南北朝鮮間に政府レベルで和解と協力の道筋を明確にしたのは二〇〇〇年六月一三日から一五日まで、韓国の元首として初めて平壌を訪問した金大中大統領である。六月一五日、金正日国防委員会委員長（朝鮮労働党総書記）との間で「南北共同宣言」が調印され、それに基づいて〇三年七月に「南北経済協力のための合意書」が作成された。「南北共同宣言」は五項目から構成されているが、第四項で「南北は、経済協力を通じて民族経済を均衡的に発展させ、社会、文化、スポーツ、保健、環境等の諸般の分野の協力と交流を活性化し、相互の信頼を強固にしていく」と規定している。

南北経済協力が南北政府の支援の下に実施されたのは、前述した六・一五共同宣以降である。南北経済協力の基本法である「南北経済協力法」が制定されたのは、二〇〇五年七月六日であった。そこで、南北経済協力は「全民族の利益を先行させ、民族経済の均衡発展を保障し、相互尊重と信頼、有無相通ずる」（第四条）という原則で行われることが定められ、南北経済協力の対象は「建設、観光、企業経営、賃加工、技術交流と銀行、保険、通信、輸送、サービス業務、物資交流」（協力法第三条）であり、協力禁止対象は「社会の安全と民族経済の健全な発展、住民の健康と環境保護、民族の美風良俗に阻害を与えうる対象」（第九条）であると決められた。

二〇〇七年一〇月四日、金正日国防委員長と盧武鉉大統領は「南北関係発展と平和繁栄に向けた宣言」に署名をし、「南北は民族経済の均衡的発展と共同の繁栄に向け、経済協力事業を共利共栄と有無相通の原則から積極的に活性化し、持続的に拡大発展させていくこと」（第五項）に合意した。

区　域	面　積	備　考
工場区域	800万坪	1段階100万坪を含む
生活区域	1000万坪	既存都市500万坪を含む
商業区域	50万坪	
観光区域	150万坪	

表1

2. 開城工業地区

(1) 開城工業地区の位置

開城は北緯三八度、軍事境界線近くの都市であり、高麗王朝（九一八―一三九二年）の王都として栄えた。現在でも朝鮮国内では珍しく、古都の風情をとどめている。

開城工業地区は韓国側からは、軍事境界線に近い臨津江を越え、国境の駅である都羅山駅から非武装地帯南北幅四㎞を含む行程七㎞の地点である。都羅山駅からソウルまでは五六㎞、平壌までは二〇五㎞。都羅山駅から北の開城駅までは一八㎞。開城市はソウルから約六〇㎞、仁川からは約五〇㎞の距離である。

(2) 開発計画

二〇〇〇年六月の南北共同宣言に基づいて、同年八月二二日、韓国の現代峨山と朝鮮アジアと太平洋平和委員会との間で開城地域二〇〇〇万坪（六五・七平方キロメートル）の開発が合意された【表1】。

工場区域八〇〇万坪の開発は三段階で実施される。一段階は一〇〇万坪規模の労働集約的中小企業工団、二段階は世界的輸出基地の構築、三段階は重化学工業と産業設備分野の複合工業団地の建設である。

(3) 工業地区関連法規

二〇〇二年一一月一三日、朝鮮は開城工業地区を設けることに関する法令を採択し、行政区域を従来の一市(開城市)三郡(板門郡、長豊郡、開豊郡)から開城直轄市のみとし、板門郡を廃止し、他の二郡は黄海北道に移す決定をした。同年一一月二〇日には「開城工業地区法」を制定したのを始めとして朝鮮側は現在まで、「開発規定」「企業創設運営規定」「税金規定」「労働規定」「管理機関設立運営規定」「出入、滞留、居住規定」「税関規定」「外貨管理規定」「広告規定」「不動産規定」などの関連法規を制定している。

開城工業地区の管理機構は、中央である平壌に中央工業地区指導機関(民族経済協力委員会)が置かれ、現地での管理は開城工業地区管理委員会(開城工業地区開発総局)が当ることになっている(開城工業地区法第二一条〜二五条)。

(4) 工業地区開発の現状

開城工業地区開発事業は当初、二〇一二年完成を目指して計画された。南北は協議の上、当面一段階一〇〇万坪(〜二〇〇七年)の開発に合意し、二〇〇三年六月に一段階建設に着工し

開城工業地区（筆者撮影）

開城工業地区内の被服工場（筆者撮影）

バスに向かって帰路を急ぐ朝鮮の労働者（筆者撮影）

た。二〇〇四年三月に開催された南北経済協力推進委員会第八回会議で〇四年度上半期中の一万坪のモデル団地造成が合意された。四月には、韓国土地公社・現代峨山と朝鮮側との間で開城工業地区の土地賃貸借契約が締結された。

二〇〇四年五月に韓国国内で日刊紙に開城工業地区分譲広告が掲載され募集が始まり、六月一四日、モデル団地への入居企業が決定され、韓国土地公社と企業の間で入居契約が締結された。入居企業の募集には、韓国企業一三六社が応募し、一五社が選ばれた。二〇〇五年一月二六日までに入居企業一五社すべてが韓国政府から協力事業承認を受けたことになる。

二〇一三年現在、工業地区に入居し操業している韓国企業は一二三社、そこで働いている朝鮮の労働者は五三〇〇〇名である。

朝鮮側労働者の賃金は、総額八七〇〇万ドル（八六億円）であり、一人あたり月額一三六ドル（残業手当、社会保障費等を含む）の計算になる（二〇一四年五月分給与から最低賃金が七〇・三五ドルへ前年度比五％引き上げ。賃金＋休日特別勤務手当＋平日夜勤勤務＋社会保険等で月額一三五〜一五〇ドル）。

四、経済開発区

1．経済開発区法

二〇一三年五月二九日、最高人民会議常任委員会政令で「経済開発区法」が採択された。本法は全七章六二条、附則二条で構成されている。経済開発区法の採択に伴い、最高人民会議常任委員会は同年一〇月一六日付政令で「国家経済開発総局」を「国家経済開発委員会」に格上げし、民間レベルでは「朝鮮経済開発協会」が組織された。[9] 本法によれば、経済開発区とは「国家が特別に定めた法規に基づいて経済活動で特恵が保障される特殊経済地帯」（第二条一項）であり、開発区は「工業開発区、農業開発区、観光開発区、輸出加工区、先端技術開発区」の五つに分類される（第二条二項）。

同年一一月二一日、最高人民会議常任委員会政令で全国の各道に13の経済開発区を設けることが決定された。13の経済開発区は、平安北道に1、慈江道に2、黄海北道に2、江原道に1、咸鏡南道に2、咸鏡北道に3、両江道に1そして南浦市に1である。開発区類型は、「経済開発区」が4、「工業開発区」が3、「観光開発区」が2、「輸出加工区」が2、「農業開発区」が2である。[10]

2．経済開発区の概要

二〇一三年三月の朝鮮労働党中央委員会総会で新しい戦略的路線が提示され、各道に経済開発区を創設することに対する政策が打ち出された。

朝鮮総連の機関紙「朝鮮新報」は二〇一三年一二月四日付（朝鮮語版）で、朝鮮経済開発協会のユン・ヨンソク局長のインタヴューを掲載した。[11] 経済開発区の概要については、ユン局長のインタヴューから紹介しておこう。

○経済発区と経済特殊地帯の相違

朝鮮で最初に設置された羅先経済貿易地帯は、四九〇余平方キロメートルの広い開発面積を有しているが、経済開発区は面積が相対的に小さい。また羅先や黄金坪・威化島などは特殊経済地帯の類型からすると、生産と加工だけでなく輸送、商業、金融、観光など多様な部門の投資と企業活動に特恵を与える複合型経済地帯と言える。経済開発区は、工業開発、農業、観光など全て部門別の特性を持っている。今後、総合的な性格を帯びる開発区が設定されることもありうる。

○一三の経済開発区の増設の可能性

経済開発区の数に制限はない。われわれは経済開発区の運営において地方経済を総合的に、バランスよく発展させることに主眼を置いている。他国の経験を見ると、特殊経済地帯をあまりに多く設置して国家の統一的な指導、管理が大変になり、結果的に地域間の格差が激しくなる弊害もある。朝鮮では、最初から全ての開発区がバランスよく発展していくように国家的に調整していく。

○経済開発区創設と「改革」「開放」の関係

われわれは、朝鮮の実情に合わせて経済管理方法を朝鮮式に解決していけば良い。われわれは今後も、社会主義経済制度を確固と固守して強化し、発展させるであろう。われわれは他国の経済建設経験からも良い方法については研究し、自国の実情に合うように導入していこうと思う。

特に、特殊経済地帯の開発に関しては国ごとに異なる経験がある。道単位で経済開発区を創設、運営するのは初めて行うことである。それ故、われわれは一つ一つ学びながら着実に推進していこうと思う。地方の活動家に特殊経済地帯の運営に関する知識と実務能力を与えるための活動も計画して取り掛かっている。海外に行って学ぶこともでき、外国から専門家を招請することもある。今後、国家的な専門教育体系も設立することになるであろう。

○経済開発区事業の展望

道単位の経済開発区創設は朝鮮の経済発展戦略に合致するばかりか、他国の投資家にとっても意義が大きいと見ている。地方に経済活動の拠点を置くというのは、他国の投資家が自分の好みに合うさまざまな業種を便利に選択することができるという長所がある。

朝鮮の立場からすると、経済開発区の創設が政策化したことで、外国企業との経済交流、協力を拡大していける制限のない空間がもたらされたと見ることができる。

短期的に見ると、朝鮮半島情勢が緊張局面にあり、投資誘致で難しい条件があるのは事実である。しかし、経済開発区の創設と運営はこんにちの国際的趨勢に合致する事業であり、朝鮮の経済強国建設の勝利と対外経済関係の拡大は歴史の必然である。

3. 経済開発区と特殊経済地帯の新設

二〇一三年一一月二一日の最高人民会議常任委員会政令で平安北道新義州市の一部の地域に「平安北道新義州特殊経済地帯」を設置することも決定された。新義州は鴨緑江沿いの中朝国境の都市であるが、かつて（二〇〇二年九月一二日）「新義州特別行政区基本法」が制定され、朝鮮版「香港特別行政区」とする予定であったが実現されなかった経緯がある。

同日の最高人民会議常任委員会政令で行政区域である「道」内に設けられる一三の経済開発区は以下の通りである。（各開発区については資料を参照）。

①平安北道鴨緑江経済開発区　②慈江道満浦経済開発区　③慈江道渭原工業開発区
④黄海北道新坪観光開発区　⑤黄海北道松林輸出加工区　⑥江原道現洞工業開発区
⑦咸鏡南道咸南工業開発区　⑧咸興南道北青農業開発区　⑨咸興北道清津経済開発区
⑩咸興北道漁郎農業開発区　⑪咸興北道穏城島観光開発区　⑫両江道恵山経済開発区
⑬南浦市臥牛島輸出加工区

二〇一四年七月二三日、最高人民会議常任委員会政令で「新義州市特殊経済地帯」を「新義州国際経済地帯」とすることを決定した。(12)

安北道に新たに以下の七つの経済開発区を設けることが決定された。(13)

①平壌市恩情区域に恩情先端技術開発区　②黄海南道康翎邑に康翎国際グリーンモデル区

③南浦市臥牛島区域に進島輸出加工区　④平安南道清南竜北里に清南工業開発区

⑤平安北道粛川郡に粛川農業開発区　⑥平安北道朔州郡に清城労働者区

⑦平安北道方山里に清水観光開発区

おわりに

第二節2でとりあげた「黄金坪・威化島経済地帯」は、中国との共同開発、共同管理プロジェクトである。「羅先経済貿易地帯」においても中国の投資が行われている。二〇一四年七月に「新義州市特殊経済地帯」を「新義州国際経済地帯」と改称したが、新義州に隣接する朝中の国際河川である鴨緑江の中洲に開発される「黄金坪・威化島経済地帯」と「新義州国際経済地帯」を連結することで、鴨緑江を越えて中国資本の投資を朝鮮側に誘致する狙いがあると考えられる。

ロシアは極東地域から「羅先経済貿易地帯」を経て韓国へのガスパイプライン敷設を計画し、また国境地域の鉄道インフラの整備で朝鮮側に協力し、朝鮮への経済的関与を深めている。

従来の「経済特区」は首都平壌から遠隔の地、朝中、朝露、南北朝鮮の国境地帯に設けられていたが、「経済開発区」は平壌に設けられた恩情先端技術開発区をはじめとして、九の行政区（道）すべてに設けられている。その結果、経済開発区法によれば、外国資本が朝鮮全地域に投資することができることになった。

金正恩第一書記は、二〇一五年の「新年の辞」において対外経済関係について「対外経済関係を多角的に発展させ、元山―金剛山国際観光地帯（江原道）をはじめ経済開発区の開発を積極的に推し進めなければなりません[14]」と述べ、経済開発区に言及している。

「羅先経済貿易地帯」「黄金坪・威化島経済地帯」「新義州国際経済地帯」を設けることで、中国・ロシアとの経済協力関係を強化する一方、朝鮮の全地域に設けられる「経済開発区」に外国資本の投資を誘致することにより、対外経済関係の多角化・多極化の経済戦略を進めようとしている。

【資料】
次ページの表はJETRO日本貿易振興機構が作成した。
https://www.jetro.go.jp/world/asia/kp/biznews/53b38af03f3b8（JETRO日本貿易振興機構）

北朝鮮が外資誘致を計画している13ヵ所の新設開発区

（単位；100万ドル、平方キロ）

	開発区名	主力事業	所在地	投資額	面積	備考
1	満浦経済	農業、観光保養、貿易	慈江道満浦市	120	3.0	鴨緑江が水源
2	鴨緑江経済	農業、観光保養、貿易	平安北道新義州市	240	6.6	中国との国境
3	恵山経済	輸出加工、現代農業、観光保養	両江道恵山市	100	2.0	恵山空港の近く
4	清津経済	金属加工、機械製作、建材生産	咸鏡北道清津市	200	5.4	清津港の近く、金策製鉄所製品の金属加工。清津火力発電所の電力使用
5	渭原工業	鉱物資源、木材・農産物加工	慈江道渭原郡徳岩里、古城里	150	3.0	出入国と物資の輸出入に便利
6	興南工業	保税加工、化学製品、建材、機械設備	咸鏡南道咸興市	100	2.0	300万トンの貨物処理能力を持つ興南港近く
7	現洞工業	情報産業、軽工業	江原道元山市	100	2.0	葛麻空港近く
8	臥牛島輸出加工	輸出志向型加工組み立て	平安南道南浦市	100	1.5	南倉港近く、平壌国際空港まで60キロ
9	松林輸出加工	輸出加工、倉庫保管、貨物輸送	黄海北道松林市	80	2.0	平坦な田畑、南浦港から20キロ
10	漁労農業	農畜産基地、農業科学研究団地建設	咸鏡北道漁労郡龍田里	70	4.0	魚労空港近く、農業に便利な環境
11	北青農業	果樹、果実総合加工、畜産業	咸鏡南道北青郡文洞里、富洞里、鐘山里	100	3.0	北青りんごなど、果樹栽培の適地、北青園芸大学などから技術者覇権
12	穏城島観光	外国人対象の観光開発	咸鏡北道穏城郡穏城邑	90	1.7	中国に隣接している島、中国人観光客、物資の輸出入に便利
13	新坪観光	遊覧と名所巡り、保養、スポーツ、娯楽	黄海北道新坪郡平和里	140	8.1	深い渓谷の観光名所

（出所）「東亜日報」（2013年10月28日）を基に作成

参考文献
大内憲昭「南北朝鮮の経済協力と法」関東学院大学人文科学研究所所報第三〇号、二〇〇七年三月
李燦雨「北朝鮮の経済開発と日中韓の関与のあり方」一般財団法人国際開発センター「北朝鮮と北東アジアの経済社会開発に関する研究・国際交流事業」報告書二〇一四年三月（http://www.idcj.or.jp/activities/PDF/report_ir104.pdf）
尹勝炫「北朝鮮の経済特区開発構想と対中アプローチ戦略」ERUNA REPORT No.100 2011JULY（http://www.erina.or.jp/wp-content/uploads/2011/01/pp10020_tssc.pdf#search）
中川雅彦『朝鮮社会主義経済の理想と現実』アジア経済研究所、二〇一一年

注

（1）憲法第三五条「朝鮮民主主義人民共和国において対外貿易は、国家が行いまたは国家の監督の下に行う。／国家は、完全な平等および互恵の原則にもとづき対外貿易を発展させる。」憲法第三七条「国家は、自立的民族経済を保護するために関税政策を実施する。」

（2）「朝日新聞」一九九七年二月二一日付。

（3）香港特別行政区基本法第五条「香港特別行政区は社会主義の制度及び政策を実行せず、従来の資本主義制度及び生活様式を保持し、五〇年間変更しない。」

（4）初代長官にはオランダ国籍の華僑実業家である楊斌（ヤン・ビン）が任命されたが、中国政府から国外追放処分となった。

（5）著者は二〇〇五年八月一五日の「解放記念日」を前後して二泊三日で金剛山観光地区を訪れた。一九八九年八月に訪れて以来、一六年ぶりであった。一九八九年以前にも何度か訪れているが、その時

には金剛山地域内のホテルに宿泊したが、今回は韓国の現代グループが管理運営しているため、北側から入る際には、入場料四〇ドルを支払い、宿泊は許可されなかった。金剛山観光地区から車で約一時間程、元山方面に戻った保養所に宿泊した。金剛山観光地区内は道路の標識、有料トイレ、コンビニ、サーカス劇場などが新たに建設されていた。また、韓国側から大型バスを連ね、多くの観光客が訪れていた。

(6) 章構成は、「第一章　金剛山国際観光特区法の基本」「第二章　国際観光特区の管理」「第三章　観光および観光サービス」「第四章　企業創設および登録、運営」「第五章　経済活動条件の保障」「第六章　制裁および紛争解決」である。

(7) 二〇一三年一二月八日、朝鮮労働党政治局拡大会議を開催し、張成沢国防委員会副委員長（党行政部長・党政治局員）を「反党・反革命的分派行為」を理由にすべての職務から解任し、党からの除名を決定した。一二日には、朝鮮民主主義人民共和国国家安全保衛部特別軍事裁判が行われ、国家転覆陰謀行為が刑法第六〇条に該当するとして死刑の判決が下され、ただちに刑が執行された。

(8) 『朝鮮民主主義人民共和国　月間資料』朝鮮通信社、二〇一一年八月、一五頁。

(9) 前掲、二〇一三年一〇月、一八頁。

(10) 前掲、二〇一三年一一月、一頁。

(11) 前掲、二〇一三年一一月、一―三頁。

(12) 前掲、二〇一四年七月、三二頁。

(13) 前掲、三三頁。

(14) 前掲、二〇一五年一月、三―四頁。

第8章　世界を牽引するアジア自動車生産と日本のグローバル展開

清　晌一郎

一、アジア自動車産業の発展と過剰の連鎖

世界の自動車産業は現在、急速な成長と巨大な変化の途上にある。【表1】に示すように、全世界の自動車生産はこの一〇年で三六％の伸びを示し、総生産台数は八七〇〇万台、そう遠くない時期に一億の大台に届きそうな勢いである。ある推計によると二〇五〇年には二億八〇〇〇万台という途方もない数字が示されている。この中で最大の特徴は、先進国での生産が能力過剰で頭打ちになり、過剰資本が新興国に流入して活況を呈している点にある。

世界の地域別生産台数を見ると、二一世紀に入ってアジアの成長が著しく、アジア大洋州での総生産台数は四五七五万台、うち中国が二二一二万台、韓国が四五二万台、タイ二五三万台、インド三八八万台という巨大な規模となっている。

しかし過剰は先進国に留まらない。最大の自動車生産国となった中国では、二〇一三年の生

表１　全世界の自動車生産台数推移

世界生産台数（万台）		日本メーカー合計（万台）			世界地域別生産台数（2013 年）		
年	世界	海外生産	国内生産	日本企業計	地域	地域生産台数	地域総計
2002 年	5,895	765	1,026	1,771	EU	1,618,846	欧州計 19,726,405
2003 年	6,065	861	1,029	1,890	CIS	2,406,120	
2004 年	6,396	981	1,051	2,032	北米計	13,726,405	米州計 21,136,313
2005 年	6,655	1,061	1,080	2,111	中南米計	7,710,605	
2006 年	6,933	1,097	1,148	2,245	日本	9,630,070	アジア大洋州計 45,750,608
2007 年	7,327	1,186	1,160	2,352	中国	22,116,825	
2008 年	7,076	1,165	1,158	2,323	韓国	4,521,429	
2009 年	6,179	1,012	793	1,805	タイ	2,532,577	
2010 年	7,763	1,318	963	2,281	インド	3,880,938	
2011 年	8,010	1,338	840	2,178	アフリカ	636,519	アフリカ計 636,519
2012 年	8,414	1,586	994	2,580			
2013 年	8,725	1,676	963	2,639	世界合計		87,249,845
2014 年	※ 8,700	—	977				

資料　日本自動車工業会統計資料による

産能力が三五〇〇万台に達し、特に中国民族系メーカーの能力は二〇二〇年には三五〇〇万台を超える見通しだが、その稼働率は外資系の攻勢に押されて、二〇一三年段階で六二%にとどまっている。中国の次に注目されているインド市場の販売は、二〇一三年は前年並み水準にとどまり、過剰能力処理の手段として、輸出競争力強化が課題となっている。

政情不安で三〇%も縮小したタイの市場規模は、二〇一三年に一三三万台、二〇一四年は九二万台にとどまった。その生産実績は二四五万台に達しているが、一四年四月に公表されたエコカー政策に対応して世界各社が能力増強を発表、能力は三五〇〇万台に拡大する見通しで、輸出の一層の拡大が不可避となる情勢である。こうして外資系・民族系入り乱れての投資拡大によって、新興国からの輸出

表2　東アジア各国の自動車生産（乗用車・バス・トラック計）

	2011	2012	2013	輸出台数(2013)
中国	18,418,876	19,271,808	22,116,825	977,300
台湾	343,296	339,038	338,720	82,427
韓国	4,657,094	4,561,766	4,521,429	3,089,283
日本	8,398,630	9,943,077	9,630,070	4,674,667

拡大あるいは投資先の新・新興国への転換が早くも課題となりつつある。

なお、東アジア日中韓台の概況は【表2】に示すとおりである。この中で中国自動車産業の成長が群を抜いており、疑いもなく「生産強国」に位置づけられることになったが、開発や部品生産の分野では依然として外資の支援を必要としており、巨大なマーケットを支える生産基盤をどう構築するかが最大の課題である。中・米・日・独に続く世界第五位の自動車生産国となった韓国は、東欧地域などの他、北米への輸出も拡大し、中国・インドでの海外現地生産を展開するなど、好調を維持している。また輸出が増加するほど対日貿易赤字が拡大すると言われた部品分野でも、近年貿易バランスが回復され、今後の動向が注目される。台湾については、もともと現地の狭隘な市場を前提に、多くの企業が低稼働率のままオペレーションを続けてきた経緯があるが、機械・金型、部品製造ではノウハウを蓄積しており、中国での部品生産にジョイントで乗り出すなど重要な役割を果たしつつある。

中国、台湾の停滞、韓国の過大な輸出依存など、考えるべき問題も多いが、直近で激変しているのは日本であり、四~五年で海外生産を五〇％増、全世界の生産の三分の一、二六三九万台を支配するに至った。本稿ではそのグローバル化の現状と直面する課題を考えてみたい。

二、日本自動車産業のグローバル化と産業構造

日本自動車産業の二〇一三年度の国内生産は九六三万台、二〇一四年は九七七万台となったが、近年の特徴として、二〇一〇年以降、海外生産が急拡大し、二〇一三年度の実績は一六八七万台と、僅か四～五年の間に五〇％も生産台数を増加させたことが挙げられる。自販連の国内新車販売台数は二〇一三年が五五六万台、二〇一四年が五三七万台であるから、二〇一三年度の国内生産・海外生産の総台数二六三九万台のうち、僅かに二一％を占めるにすぎず、海外市場への依存度は七九％にも達するものとなった。日本自動車工業会によれば、二〇一三年度の全生産に占める海外生産の比率は六三％となり、二年連続で六割を超えることとなった。

自動車産業の海外現地生産は、一九八〇年代にアメリカ、一九九〇年代に欧州とアジア、そして二〇〇〇年代に入って中国、二〇一〇年代に入ってインドやＡＳＥＡＮ、そして直近ではメキシコと、その主たる投資先を変遷させてきた。その海外拠点数を【表３】で見ると、自動車メーカーの全生産拠点は四輪が三一八、二輪・二／四輪、部品などの拠点が二〇八、合計で五二六拠点となっている。また自動車部品メーカーの海外拠点数は二〇一四年の資料によると

表3　日本自動車・部品メーカーの現地生産工場数および雇用人員（推計）

	自動車メーカー		部品メーカー	
	4輪	2輪・部品等	海外拠点数	総雇用人員
欧州計	18	8	215	68,000人
北中南米米計	178	119	428	75,000人
アジア計	101	79	1,265	447,000人
中近東・アフリカ他	21	2	41	56,000人
合計	318	208	1,949	646,00人
自動車・同部品製造業の海外での雇用人員　推計90万人。売上30兆円 （経産省「海外事業活動基本調査」に基づく経済産業研究所推計）				

資料　日本自動車工業会・日本自動車部品工業会資料による

一九四九拠点となっており、その雇用人員数は、自動車部品産業で六四万六〇〇〇人、自動車メーカーを含む全自動車産業で九〇万人を超え、売上高は三〇兆円にも上るものと推計されている。これに対して日本国内の自動車産業の規模を工業統計表で見ると、二〇一一年現在で自動車製造業八五事業所一五万五一二〇人、自動車車体製造業一九〇事業所一万三七八〇人、自動車部分品・付属品製造業一万一二五四事業所六一万七三六九人、合計七八万六三六九人、製造品出荷額四四兆円に達している。国内事業規模と比較した場合、海外事業の巨大さが一層鮮明である。

なお、工業統計表による自動車および部品産業の総従業員数は一九九〇年に七八万八七八三人であるが、この時期以降、従業者数は現在までほぼ維持されており、横ばいと言って良い。現在、自動車関連の従業員数は関連部門を含めて約五四八万人でその数は年々増加しており、日本の全就業人口の八・八%、製造業従業者数一〇四〇万人の五二・六%を占める巨大なものとなっている。

三、拠点間を結んだ生産・開発ネットワークの構築

日本自動車メーカーの海外現地生産において常に問題となるのは、一方で現地調達率を引き上げながら、他方で日本並みの高い品質水準を如何に維持するかにある。一九八〇年代、九〇年代での欧米での現地生産展開の際にもこの問題の解決は、結局日本の資材・部品・機械メーカーの海外進出によって進められてきた。その結果、日系自動車メーカーの現地調達率は、生産を開始してからかなり早い段階で九〇%水準を超えることになるが、この現調率の高さは実態を反映していない。日本自動車部品工業会の海外事業概況調査(二〇一四年七月)によると、海外拠点展開の一九四九事業所の売上高は約一〇兆円、内当該国向けの売上は米国八九%、欧州五八%、アジア七一%であり、さらに日系企業向けは米国で七五%、欧州で二八%、アジアで五四%となっている。また現地調達率はどの地域でも七〇~七五%程度となっている。他方、日系メーカーの販売先を見ると、欧州での二七%を別として、米国、アジアでも当該国メーカーへの販売は一〇%に満たない。ここでは日系メーカーの進出が少ない欧州での苦戦(当該国メーカーへの売り込み拡大)に対して、米国とアジアでは日系メーカーどうしの販売・購買

表4　車種別輸入車新規登録台数推移

	外国メーカー車	日本メーカー海外生産車	輸入車合計
2014	290,196	45,764	335,960
2013	280,540	65,593	346,133
2012	241,563	74,430	315,993
2011	205,857	69,787	275,644
2010	182,087	43,001	225,083
2009	160,904	17,623	178,527
2008	193,902	25,329	219,231
2007	231,593	33,493	265,086
2006	246,604	15,670	262,274
2005	248,993	19,119	268,112
2004	243,891	28,989	272,880
2003	247.606	31,198	278.804

資料　日本自動車輸入組合統計資料による

がネットワークを形成し、相互に支え合っていることがわかる。

従来、このような日系資材・部品メーカーの海外現地生産を支えてきたのは、日本からの資材・部品の輸出であったが、近年の新興国での価格競争は非常に厳しく、生産コストを引き下げるために現地製の資材・部品の調達が様々な角度から模索されている。製品設計の現地化や仕様の現地向け変更などによって現地製の資材を使えるように工夫する他、直接に日本から輸入するのではなく、アジアの製造大国である中国から金型を調達し、既に産業基盤を築いている韓国・台湾から機械を調達するなどの方策によってコスト低減が図られている。さらに産業基盤の脆弱なインドでの現地生産を成立させるために、多数の日本企業が集積するタイを拠点とし、ここから資材・部品を調達するという方策も進められている。ここでも過剰能力処理と新市場での現地生産拡大は、相互に対になり、支えあう発展構造を看て取ることが出来る。

このような調達の現地化、販売の拡大のために、次第に設計・開発の現地化も課題となりつつある。海外現地生産が最も進んでいるアメリカでは、既に独自モデルが米人チーフエンジニアを中心に開発されており、自主開発を急ぐ中国、生産規模が巨大化しているＡＳＥＡＮでも、部品メーカーの開発拠点構築が進められている。日本メーカーの進出が少ない欧州では、日本メーカーどうしの取引ネットワークの形成が困難で、必然的に当該国のメーカーに販売せざるを得ず、そのためには設計開発の段階から、相手先企業への対応を迫られる。開発の現地化は、日本に拠点を置く開発部門が海外に移転するというよりも、市場への対応（拡販）のための有効な方法である。

なお、二〇一〇年以降、海外生産が急拡大する中で海外拠点の稼働率を維持することは重要なテーマとなる。そのために日本国内への逆輸入を含めたグローバルな生産調整も一部で行われている。しかし円高当時は海外生産品を逆輸入することが利益を生み出す側面もあったが、円安の中で輸出の利益が大きくなり、それによって自動車メーカー、部品メーカーともに、「史上最高の利益」を生み出す状況になっている。【表４】にみるように自動車に限ってみても、海外生産車の輸入は一時規増加したが、年間四〜六万台水準にとどまっている。

四、海外生産における生産・開発の現地化を巡る諸問題

1. 現地化のパラドックス＝現地化のやり過ぎと品質問題

日本自動車産業の海外現地生産で常に問題となるのは、前述したように、一方で現地調達率を上げながら、他方で日本並みの高い品質水準を如何にして維持するかにある。この問題を巡って、この間二つの大きなリコール問題が発生した。一つはトヨタ自動車のアクセルペダルの不具合であり、もう一つは二〇一四年秋に発生したタカタ製エアバッグのインフレータ（ガス発生装置）爆発による死亡事故である。

このうちトヨタのアクセルペダルについては、日本D社の製品が一四ドルだったのに対し、アメリカの某社の製品は九ドルであった。この安い商品をアメリカ人エンジニアが試験を行い、アメリカ人購買スタッフが購買を決定し、その上でこの製品をグローバル展開したために問題が大きくなった。もちろん製品テストも繰り返したうえでの購買だから公式には問題はない。しかし日本D社のスタッフ曰く、「これほど安くするのは素材を安物に変える以外に考えられない。ノウハウの蓄積がある日本人エンジニアなら、この素材は決して使わないし、その問題点を見逃さない」。事実、日本D社の製品を使っている日本市場では問題は一つも発生してい

ない。現地での人の育成に注力しているトヨタですら避けられなかったこの事例は、人の現地化の難しさ＝現地化のやり過ぎとも言うべき新しい問題を提起している。

タカタのケースは中小企業から急速に発展して東証第一部上場に上り詰めた発展モデルの問題性を鮮明に示している。同社は元来、近江の織物製造業者で一九三三年創業、一九六〇年代からシートベルトの製造を手掛けてきた。一九八五年の従業員数は五五〇人程度、国内だけ見ると二〇〇四年五六〇名、〇七年八八〇名、現在一〇〇〇名と単独では多くはないが、連結ベースでは全世界で四万三六八〇名の従業員を擁する東証一部上場企業である。

中小企業の発展的典型とも思われるこのケースには、急速にグローバル化した部品メーカーの深刻な人材配置のアンバランスが見られる、タカタの全世界五六拠点をコントロールするにはあまりにも国内従業員数が少なく、同社は早い段階から「日本で人を育てて全世界に供給する」ことを諦めていた。今回のリコールされた製品を製造したメキシコのモンクローバー工場では、最初から日本人は配置されず、アメリカからエンジニアとマネージャーが派遣され、アメリカ流の管理方式で拡大する生産に対応してきた。タカタ・メキシコ工場で行われてきた管理の様相がインターネットに詳細に報告されている。

2．タカタ・メキシコ工場の米人によるマネージと労働の実態

今回リコールの対象となった製品は、二〇〇一―二〇〇二年にこの工場で作られているが、

この時期はエアバッグの起爆剤として使われていたアジ化ナトリウムが、毒物混入事件などで毒物・劇物取締法の対象物品に追加され、代替起爆剤としてタカタは硝酸アンモニウムを使うことにしたようだと伝えられている。廃車解体工場で頻発する爆発事故はインフレータの金属部分を破壊し、工場の屋根に穴をあけるような事故になることも報告されている。

問題のメキシコ工場では二〇〇六年に大規模な爆発事故を起こした。火薬工場の事故は、最初の小爆発から一分半が決め手だと言われるが、日常訓練の結果、幸い死亡者はゼロであった。しかし無数の火の玉が飛び散り、外壁は吹き飛び、一キロ離れた家の窓も壊れるほどすさまじかった。事故後一カ月もしないうちに工場は生産を再開、ホンダの生産停滞は避けられたが、タカタのメキシコ戦略は生産遅延という大問題に直面し、操業強化のために作業員に容赦のないプレッシャーがかかり、特にメキシコに赴任してきた米国人マネージャーたちは、一日のノルマ二〇〇個をこなさなければ従業員のボーナスをカットし、工場内にセキュリティカメラを設置して怠けたりしゃべっている従業員を監視、その画像を社内メールにして回覧することもあったという。

タカタにとっては、そして現在進出ラッシュのさなかにある日系メーカーにとっても、メキシコでの工場建設はより安い労働力を活用しアメリカを中心とする需要増加に対応する戦略の一環である。同社の社内プレゼンテーションによると、インフレータ生産を米国二工場からメキシコに移転すると、一個当たりの労務コストが二ドルから七五セントに低下、二〇〇六年までの間にタカタは七〇〇〇万ドルの労働コストを節減している。それは製品価格の引き下げにつながり、インフレータ一個当たり二〇ドル未満と二〇%以上のコストダウンを生み出して自動車メーカーにも大きな恩恵を与えたのである。他方、米国内のモーゼスレイク工場では、生産量（ノルマ）の達成が最優先され、長時間労働も強制され、「我々はみんな燃え尽きた」後、従業員一〇〇名が解雇され、メキシコの人員増が進められた。なお、二〇一一年に米国から派遣されている安全監督者は、不安定な硝酸アンモニウムの取り扱いに問題があり、リスクと隣り合わせにある状態を発見しているが、タカタ本社には監査結果は報告されていなかった。

3．グローバル事業をどう管理するか＝部品メーカーの課題

この例はやや特殊かも知れないが、タカタは大手企業でも手を出しにくい火薬を扱うインフレータの製造（「鬼っこ」という表現をしている関係者もいる）という隙間商品を取り扱って急拡大した。急成長という点では他の自動車部品メーカーも同様であり、例えば矢崎総業は国内二万一二〇〇人、海外四三カ国二三七拠点をマネージし、連結での雇用総人員は二三万六九〇〇人に上る。この状態で急増する従業員に対して教育を施し、日本並みの品質水準を維持することは至難の業であろう。確かにタイのD社のように、現地企業を指導するために現地企業と同じ生産ラインを購入し、日本人が指導してタイ人エンジニアに改善の指導を行ってコストを大幅に下げたケースなどもある。しかし手数をかけられない企業の場合は、勢い、電子化に

よる熟練の技の置き換え、あるいは欧米流の、つまり日本流でない管理方式の導入、技術とモノづくりの峻別による管理システムの転換などが様々に議論されることになる。日本流モノづくりはグローバル化の中で、今、大きな試練に直面していると言って良いだろう。

タカタの製品はトヨタ、ホンダ、マツダ、BMW、GMなど一〇社の一部車種に搭載されており、世界各地で自動車のリコールが相次いでいる。その規模は国内で三一九万台、海外では搭載比率の高いホンダのリコールだけで六五〇万台に上る。日米欧でのリコール対象台数は三〇〇〇万台を超える可能性も指摘され、国内でも交換部品が間に合わない事態が起こっている。タカタの二〇一五年三月期の最終損益（連結ベース）は二五〇億円の赤字（前期は一一一億円の黒字）となる見通しである。それだけでなく、タカタはアメリカ運輸省の部品メーカーへの直接リコール要求を頑なに拒否しており、米当局から多額の罰金を科されることになった（二月二一日）。さらに米国・カナダでは同社に対する集団訴訟が起きており、今後自動車メーカーがリコール費用の損害賠償を求めてきた場合、損失は一〇〇〇億円を超えるという見方もある。タカタの純資産は一四四一億円であるが、リコールは世界規模で拡大しているから、一部品メーカーの対応範囲を超えている。タカタのエアバッグ生産の開始を要請し、今もタカタ製エアバッグを多く採用しているホンダは「経営支援はする」との立場を表明しているが、タカタとの距離を置き始めているとの見方があり、それに代わってトヨタグループでエアバッグを手掛ける豊田合成と経営統合するしかない、との観測もインターネット上に流れている。

五、自動車産業の賃金・下請け価格・関連中小企業への支援

急増する海外生産と対照的に、停滞が続く国内市場であるが、最近の円安の中で国内生産による輸出利益は確保され、それなりに安定した展開を見せている。最後に、その中で自動車産業が考えるべきいくつかの問題を指摘しておこう。

1. 日本の製造業の要＝自動車産業での賃上げ

自動車メーカーの経営は、海外生産の拡大とともに円安による輸出利益が拡大し、二〇一三年度三月期決算では自動車各社とも増収増益、自動車部品メーカーの業績も好調であった。国内市場の規模は停滞的であるが、円高の中で見られたような七〇〇万台水準までの国内生産縮小の悲観論は姿を潜めつつある。またそれぞれのメーカーによって日本、北米、中国、ASEAN、欧州の各地域に収益源に偏りが見られるケースもあり、海外現地生産の拡大が、単純に国内の軽視につながるとは言えない。日本市場は、特に国内市場により多く依存するメーカーにとっては、最も大きな収益源の一つでもある。

しかし国内市場の変化として軽視できないのは、若者の車離れ、軽自動車需要の増大など、国内の製造業の縮小、サービス業の増大といった経済構造そのものの変動のなかで全般的に貧困

が蓄積し、結果的に自動車市場そのものが縮小する結果を招いていることである。さらにグローバル展開を支える人材の不足も問題になっており、市場の拡大と産業の存続を支える上でも賃金の引き上げが重要になっている。今季（二〇一五年）春闘でのトヨタ自動車のベア月四〇〇〇円を始め、各メーカーは賃上げ回答を出したが、これは部品メーカー・関連下請け企業の値引き交渉にも微妙に反映し、部品単価の値下げ圧力を緩和している。

2. 中小関連メーカーの厳しい状況と価格改定

二〇一三年八月発表の経済センサスで二〇一一年の日本自動車部品産業の構造を見ると、全体で八一六六社のうち、従業員一〇〇〇人以上の企業はわずかに六八社、全体の一％であり、三〇〇人以上の規模の企業でも三八三社、五％にしかならない【表5】。工業統計表の自動車部品分品・同付属品製造業の一一二五四事業所を規模別にみてもほぼ同数である。この中でメガサプライヤーと考えられる企業は僅かであって、その次のレベルに専門部品メーカーが配置され、そのもとに膨大な数の中小企業が存在する。

グローバルな競争激化の中とは言え、これらの企業群は自動車メーカーから求められる半期に一度の価格交渉（値引き交渉）に直面して合理化努力を余儀なくされ、それが結果的に末端での経営の困難、従業員数と下請企業の削減に結びついている。このような合理化は産業基盤と人材の喪失に結びつく可能性がある。「下請けにも可能なところは値引きを緩和するよう

表5　従業員規模別・事業所数・従業員数（2011年）

	事業所数	従業員数
1,000人以上	68	171,433人
300 － 999人	315	162,045人
100 － 299人	740	125,262人
30 － 99人	1,640	90,351人
29人以下	5,403	61,832人

に」という二〇一四年の安倍首相談話もあり、現実の価格交渉は多少緩和される向きもあるが、技術革新による変動が予測される状況の中で、多少でも余裕のあるうちに雇用や労働、下請け取引などに関する制度的な枠組みを再構築する必要があろう。

3．技術革新の進む中、重要さを増す日本市場

グローバル化と並行して、自動車の電子化や環境対応、モジュール化の進展など、自動車産業そのものの構造転換をもたらすような変化が進行しつつある。その一つは環境対応のエンジン開発であり、燃料電池車、ＰＨＥＶ（プラグインハイブリッドカー）など、新技術の分野では依然としてグローバルな技術開発の方向性が明確になっておらず、欧州メーカーとの競争が激化している。また近年注目されている自動運転システム開発についても、グーグルやアップル優位の中、情報システムとスマホ搭載の自動車と結合した開発競争が激化している。これらの分野では異業種との競争が激化しており、電機メーカーとの間で自動運転エンジニアの奪い合いが起こっている。また自動車を制御する統合システムのソフト開発は巨大化しつつあり、部品開発コス

トの七五％をソフト開発費が占めるような事態に直面している。その結果、自動車部品メーカーの中でも統合システム開発力のあるメガサプライヤーの優位性がますます明確になりつつある。

4．関連中小企業の海外進出支援とアジア産業基盤の発展

中小企業の海外進出支援について言えば、政府による自動車関連中小企業の海外進出に対する支援政策は相当に充実している。にも拘わらず、中小関連メーカーの進出件数は伸びず、政府・関連機関・地方自治体などの中小企業海外進出支援政策には、今一つ現実感が不足している。その原因は、この問題に最も大きな責任を負うべき自動車メーカーと大手自動車部品メーカーのコミットメントについて、誰も言及しないことにある。自動車メーカーと一次部品メーカーの海外進出は、中国に続いてインド、インドネシア、ベトナムそしてメキシコと、次々にその展開地域を拡大している。しかしこれらの地域に自動車産業を支える二次・三次の中小機械工業・機電産業の基盤がないことは周知の事実であり、自動車メーカー・部品メーカーの海外現地生産にとって、二次・三次サプライヤーの海外進出はもはや喫緊の課題になっている。

一般に自動車メーカー・部品メーカーは、関連中小企業の海外進出について、積極的に支援する態度を表明しておらず、とりわけ個別にケースにおいて、「現実問題としては進出を要請しながら、建前としてはその発注に関して責任を取らない」という原則を崩そうとはしない。

確かに個別企業の論理で言えば、経営責任は個々の企業で取るべきであり、またその実力のある企業でなければ海外に展開する資格もないというのは、正論でもあろう。しかし個別企業の論理が社会的に容認されるか否かは別の問題である。日本経済の高度成長・右肩上がりの成長を支えてきたのは、自動車メーカーと部品メーカーの努力の成果であるが、その基礎を二次・三次の中小サプライヤーが支えてきたこともまた否定しがたい。これら中小関連企業のアジアへの海外進出は、自動車産業発展の基礎を支えてきた中小企業の将来展望を切り拓くだけでなく、アジアでの先進地域から新興国への産業基盤移転の主内容を構成すべきものであり、東アジアの産業・経済協力という観点からもまた、重要な意義を有するものと考えられる。

まとめ

東アジア自動車産業は、世界経済を牽引して急成長を実現し、日本が世界の三分の一、中国が四分の一を生産、世界第五位の韓国は七割を輸出し、台湾は国内三五万台の水準と、各国それぞれに特徴ある構造を有している、二〇世紀の産業発展は、フォードシステムとテーラーシステムの定着による大量生産を実現、高速道路の建設とスーパーマーケットの出現は家庭での電気の利用と相まって現代的な生活様式を生み出した。各国経済が自動車産業依存を深める中、アジア各国においては、国民の生活様式、文化の在り方が急速に近代化している。この変化は、今後のアジア経済社会にさらに大きな影響を与える可能性があり、今後とも一層注目していく必要がある。

第Ⅳ部　東アジアの歴史問題

第9章　日本の歴史認識問題と欧米および国連の対応

許　寿童

はじめに

近年、日本政治家の靖国神社参拝、従軍慰安婦、歴史教科書などをめぐる歴史認識問題が東アジアを越えて、国際問題へとヒートアップしている。かつて主として日中韓三国で議論されてきたこの問題に、現在アメリカや欧州議会、国連といった国際社会が敏感に反応し、問題はますます国際化しつつある。本稿は、いまなぜこのようなできごとが起こり、具体的にどのように展開されているのかを検討しようとするものである。

これまでこの問題をめぐる中韓の対応についてはは比較的多く議論され、知られてきているが、欧米諸国や国連の動きについてはまとまった研究がされてこなかった。以下では最新の新聞記事などに基づいて、まず二〇〇七年の慰安婦問題決議と近年の欧米諸国や国連の動きを考察し、その次に問題の背景について検討を行いたい。

一、二〇〇七年欧米議会における慰安婦問題決議

二〇〇七年は、歴史認識問題の重要な柱の一つである従軍慰安婦問題が国際的広がりを見せた一年であった。この年、アメリカ、オランダ、カナダおよび欧州議会が相次いで日本政府に対し、元従軍慰安婦について謝罪を要求する決議を可決したのである。その直接的原因は、同年三月一日の安倍晋三首相（当時）の発言が発端であった。安倍首相は、従軍慰安婦の募集について「強制性を裏付ける証拠はなかった」と発言し、これに対して人権問題に敏感な欧米諸国が直ちに反応したのである。

まず、二〇〇七年七月三〇日、アメリカ議会下院は圧倒的賛成多数で「慰安婦」問題に対する対日謝罪要求決議案を採択した。決議案は、日系のマイケル・ホンダ議員（民主党）ら超党派議員が共同提出した。ホンダ議員は、「九三年に当時の河野洋平官房長官が軍の関与と『強制性』をみとめた河野談話の見直しを行なう動きが自民党内にある」と懸念を表明した。共和党のロイス議員は「慰安婦の多くが連れ去られ、旧日本軍の売春宿に送られた」と決議案を支持した。最初に米下院へ「慰安婦」決議案が提出されたのは一九九七年であり、その十年後に実りを結んだことになる【写真1】。

アメリカ下院におけるこの決議案採択の影響は大きかった。これをきっかけに、オランダ、

写真１　2014年７月30日、ワシントンを訪れた慰安婦被害者のイ・オクシュン（左）とカン・イルチュル（右）に記念牌を渡すマイケル・ホンダ米下院議員（中）（韓国・聯合ニュース 2014.7.31）

カナダ、そして最後には欧州二七カ国が加盟する欧州議会で、日本の戦時の慰安婦問題への責任を追及する決議が出されたのである。オランダにおける慰安婦問題謝罪要求決議は二〇〇七年一一月八日に下院に提出され、二〇日に可決された。決議では日本政府が慰安婦に対し明快な形で謝罪することと損害賠償を行うことを要求している。同月二八日、カナダ下院も「日本帝国軍が強制売春制度に関与したことに対する全責任をとるように日本政府に対して促すべきであり、それには被害者全員に対する正式で真摯な謝罪を国会で表明することや和解の精神で被害者の問題と取り組むことも含まれる」とする決議案を採択した。

二〇〇七年一二月一三日、フランスのストラスブールにおける欧州議会で、「『慰安婦

IANFU』―アジアにおける第二次世界大戦の性奴隷―の公正に関する欧州議会決議」が提出され、出席者五七人中五三人の賛成者多数で可決された。それはまた「欧州議会議員七八五人の承認の下、欧州議会議長名で、欧州委員会初めEU（欧州連合）各国の政府と議会、日本政府と国会、国連人権委員会、ASEAN（東南アジア諸国連合）諸国政府、朝鮮、韓国、中国、東ティモール各政府に送付」された。(1)

こうした欧米議会の動きはアジア諸国にも影響を与え、二〇〇八年三月一一日はフィリピン下院外交委員会で、同年一〇月二七日は韓国国会でそれぞれ慰安婦決議案が採択された。また、二〇一三年六月まで日本の四二の地方自治体議会も同様の決議案を採択している。

二、近年欧米諸国における対応

上記二〇〇七年における世界的な慰安婦決議が行われた後、欧米諸国や国連は慰安婦問題のほか、靖国神社参拝や歴史教科書問題などにも注目するようになった。その注目度は、第二次安倍政権になってからさらに高まってきている。

まず同盟国のアメリカの反応には異例なものがあった。二〇一三年一二月二六日、安倍首相が靖国神社を参拝すると、オバマ政権は「日本の指導者が近隣諸国との緊張を悪化させるような行動をとったことに失望している」とのコメントを在日アメリカ大使館を通じて発表した。(2)

続いて、ワシントンの国務省報道官も大使館声明を繰り返す形で「失望」を表明した。アメリカ政府はこれまで、小泉首相を含めた日本の首相の靖国神社参拝に公式に反対したことはなく、今回声明を出して批判したのは極めて異例の対応だった。

二〇一四年一月、アメリカ連邦下院と上院は二〇一四年の統合歳出法案を通過させた。この法案の中には下院で二〇〇七年七月に通過した「慰安婦決議案」を国務長官が日本政府に促すようにとの内容が含まれており、オバマ大統領も同法案に署名している。

連邦政府だけでなく、アメリカ地方自治体も歴史認識問題の解決に加わっている。二〇一三年四月、ロサンゼルスに隣接しているグレンデール市は日本の従軍慰安婦を象徴する「平和少女像」設置議案を採択し、七月三〇日に同市の中央図書館敷地にソウルの日本大使館前にある慰安婦少女像と同じものを建てた。同市はまた毎年この日を慰安婦日に決めている。このような慰安婦碑や像は、アメリカの四州八カ所に設置されている(3)【写真2】。

アメリカの主流メディアも積極的に安倍首相の歴史認識を批判している。二〇一四年三月二日、ニューヨークタイムズは安倍首相の姿勢を「ナショナリズム(国粋主義)」と指摘し、日米関係の「ますます深刻な脅威になっている」と批判する社説を掲載した。同紙の社説はこれまで数回にわたり、安倍首相の「国粋主義」が危険だと訴えている。二日の社説は歴史問題に対する安倍首相の姿勢が日本周辺の「地域に対する危険な挑発」になっているとした(4)。二〇一四年一二月、米主要紙のニューヨークタイムズ、ワシントンポスト、ロサンゼルスタイムズが

写真２　2013 年７月 30 日、アメリカのカリフォルニア州グレンデール市で海外初の慰安婦像「平和少女像」の除幕式が行われた。（韓国・聯合ニュース 2013.7.31）

一斉に安倍晋三首相の歴史認識に対して批判的な社説や記事を掲載した。日本国内で従軍慰安婦問題を否定する動きが強まっており、安倍首相がその「後押し」をしているというのが大筋の主張である。ニューヨークタイムズは一二月三日、「日本の歴史のごまかし」と題した社説を、ロサンゼルスタイムズも一二月一一日、「日本のナショナリスト、『慰安婦』歴史の修正企てる」と題した社説を掲載した。(5)

ワシントンポストのコラムニスト、リチャード・コーエン氏は一二月八日付の記事で、「安倍首相とその影響を受けた保守系メディアは、戦時中の性奴隷についてごまかしを決断した」との主張を展開した。歴史修正主義者は「安倍首相の暗黙の了承の下、朝日新聞に対して、日本が強制的に数千人の女性を性奴隷にしたことを暴いた記事を取り下げるように強烈なプレッシャーを加えた」とも書いている。

二〇一五年になって、アメリカの著名な歴史学者たちも声明を出して安倍首相のアメリカの歴史教科書の修正圧力に反発を表明した。二月五日、パトリック・マニング（ピッツバーグ大学）、アレクシス・ダデン（コネチカット州大学）教授など一九人の歴史学者たちは、「日本の歴史家たちを支持する」と題した声明で、「私たちは最近、日本政府が第二次世界大戦当時、日本帝国主義による性的な搾取の野蛮なシステムの下で苦痛を経験した日本軍慰安婦について、日本およびその他の国の歴史教科書の記述を抑圧しようとする最近の試みに驚愕を禁じ得ない」と明らかにした。彼らは「国や特定の利益団体が政治目的のために、出版社や歴史学者に研究結果を変えるように圧迫することに反対する」と述べている[6]。

今回の声明は、日本政府がアメリカの歴史教科書『伝統と遭遇：過去に対するグローバルな視点』を出版したマグロウヒル社と著者に、二〇一四年末に慰安婦関連の文章を削除することを要求したことがきっかけとなった。この教科書は「日本軍は一四～二〇歳の約二〇万人の女性を慰安所で働かせるため強制的に募集、徴用し、『慰安所』と名づけられた軍施設で働くように強要した。日本軍は、このような事実を隠蔽しようと多くの慰安婦の女性たちを虐殺した」と記述している。

アメリカだけでなく、ヨーロッパの首脳たちも日本の歴史認識に注文を付けている。二〇一五年三月、七年ぶりに訪日したドイツのメルケル首相は九日の共同記者会見で「過去を総括することが和解の前提になる」と述べ、近隣国への対応で日本に不満をにじませた。また「ナチスのホロコースト（ユダヤ人大量虐殺）などの恐ろしい罪に、どのように対応したらいいか。短い時間だが、首脳会談で話をした」ことも明かした。[7] 一〇日は、「日韓関係は非常に重要だ。慰安婦問題などはきちんと解決したほうがよい」と慰安婦問題の解決を促した。

二〇一四年一〇月、訪日したオランダのアレクサンダー国王は二九日の宮中晩餐会で「先祖が残した誇らしい歴史もつらい歴史も全て継承すべきだ。第二次世界大戦当時、オランダの民間人と兵士が体験したことを忘れずにいる。忘れることもできない」と述べた[8]【写真3】。オランダのティマーマンス外相は一〇月初め、国王の訪日と関連し、日本人記者と懇談した席上、「第二次大戦のうち日本軍による慰安婦問題が『強制売春』であることには何の疑いもない。高官級の接触時に常に慰安婦問題を取り上げることを理解してもらいたい」と言及した。[9] 第二次大戦当時、日本軍はオランダの植民地だったインドネシア（当時は東インド）を占領し、オ

昨年 10 月訪日したオランダ国王は、29 日の宮中晩餐会で「祖先が残した誇らしい歴史も、痛ましい歴史もすべて継承すべき」と述べている。（写真：毎日新聞社、2014.10.29）

ランダの兵士と民間人約一〇万人を収容所に監禁し、民間女性を慰安婦として強制動員したのである。

このように欧米諸国は日本の歴史認識問題に敏感に反応しており、特にアメリカでは政界、地方自治体、主流のメディアに学者たちも加わって厳しい声をあげていることがわかる。

三、近年国連における対応

国際平和と人権維持などを目標に掲げている国連機関も日本の歴史認識問題に目をそらさなかった。国連拷問禁止委員会は、拷問等禁止条約の実施状況に関する第二回日本政府報告について二〇一三年五月二一日、二二日に審査をし、同月三一日に総括所見を発表したが、中には厳しい勧告が含まれていた。戦時性奴隷制（日本軍「慰安婦」）について、政府関係者その他の公的立場にある人物による被害事実を否定する動きに反駁することや、史実の教育を含め、被害者を中心に据えた解決策を見出すための法律上及び行政上の措置を取るよう求めたのである[10]。

二〇一四年七月二四日、スイス・ジュネーブの国連人権委員会は、旧日本軍の元従軍慰安婦問題について、日本政府が国家としての責任を認め、元慰安婦らが「完全な賠償」を受けられるよう勧告した[11]。また、在日朝鮮人らに対するヘイトスピーチ（憎悪表現）など人種差別を助長する行為を禁止するよう促した。

二〇一三年八月二六日、潘基文（パン・ギムン）国連事務総長はソウルの外交省で記者会見し、日本の憲法改正論議を巡り、「正しい歴史（認識）が、良き国家関係を維持する。日本の政治指導者には深い省察と、国際的な未来を見通す展望が必要だ」と述べた。韓国政府の立場に同調した安倍政権批判は国連事務総長の発言としては異例と言えよう。潘事務総長はまた、日本が中韓両国と歴史や領土を巡り対立している現状に関し、「歴史について正しい認識を持つことが必要だ。そうしてこそ、他の国々から尊敬と信頼を受けるのではないか」と語った。[12]

四、欧米および国連の対応の背景

いま、欧米など国際社会はなぜ日本の歴史認識に敏感に反応するのだろうか。

まずは、日本の右傾化が考えられよう。日本の右傾化は従来からの問題であるが、小泉純一郎元首相や現在の安倍首相の靖国神社参拝などに代表されるように、近年その右傾化はますます深刻になっている。「侵略」の定義が定まっていないとか、憲法改正の動き、従軍慰安婦募集に軍の関与の否定、従軍慰安婦必要論などが盛り上がり、歴史認識問題が国際的イシューとして浮上したのである。

もう一つの背景は、日本の動きが国際社会から女性の人権侵害や人類普遍的価値に反するものとして受け止められたことである。ヒラリー・クリントン国務長官（当時）は従軍慰安婦を「性奴隷」と表現した。二〇一四年四月二五日、ソウルで韓国の朴槿恵（パク・クネ）大統領と会談したオバマ米大統領は、その後の共同会見で慰安婦問題について「甚だしい人権侵害だ。戦争中の出来事とはいえ、衝撃を受けた」と述べ、日本に衝撃を与えた[13]。

歴史認識問題解決の先鋒ともいえる中韓の国際戦略も国際社会の関心を促したと考えられる。日本の右傾化が深刻になるにつれて、中韓両国は対日非難と抗議を重ねるとともに、最近は盛んに国際舞台を利用して日本の非を国際社会に訴えた。中国は欧米など世界各国に在住する数十人の在外大使らを動員して大規模な日本の歴史認識を糾弾する国際宣伝戦を行った。韓国の朴槿恵大統領はアジアや欧米諸国を訪問するたびに日本の歴史認識問題に注文を続けてきた。

またアメリカの中国人団体「世界抗日戦争史実維護連合会」や韓国人団体「韓人市民参加センター」（ＫＡＣＥ）など中韓両国の在外居留民の役割もかなり大きかった。ＮＨＫの出石直解説委員は、アメリカにおける「慰安婦像を建てる運動を支えているのが全米に一七〇万人いる韓国系住民です。彼らの運動は徐々にアメリカ社会に浸透し、政界にも支持を広げつつあります」と指摘している[14]。東アジア情勢に詳しいジョンズ・ホプキンス大学のケント・カルダー所長は「アジア系住民の増加はアメリカの政策決定に大きな影響を与えている。残念ながら日本の存在感は、中国や韓国に較べると薄いと言わざるを得ない」と述べている。二〇〇七年カナダにおける慰安婦決議を推進した団体は、カリフォルニア州に本部を置く上記「世界抗日戦争史実維護連合会」のカナダの系列団体だった[15]。また、来る八月一五日は中国国外で初の「抗日戦争記念館」がカリフォルニア州サンフランシスコの中華街に設置され、一般公開になるという[16]。

最後に触れておきたいのは、アメリカの東アジア戦略とのかかわりである。たとえば、アメリカは日本の首相の靖国参拝は米韓、米中の二国間関係に混乱をもたらし、東アジアの安全保障上における日本の役割強化に障害になると思うからである。米国は日米同盟を強化しようとする一方、日中、日韓の紛争に引き込まれることは望んでいない。つまりアメリカは日中韓の衝突は本国の国益を傷つけると考えているのである。

おわりに

以上、日本の歴史認識に対する欧米と国連の対応やその背景を検討した。日本首相の靖国参拝、従軍慰安婦や歴史教科書問題に対する国際社会の注目は非常に高まっていることがわかった。それは日本の右傾化、歴史認識問題の人権化、中韓両国の国際戦略および両国の在外居留民の役割、そしてアメリカのアジア戦略などが背景として考えられる。

このように歴史認識問題が人権化、国際化されて行くにもかかわらず、いまだに問題解決の糸口は見えない。しかしこの問題は日中、日韓関係に多大な影響を与えており、朝鮮の核問題のように東アジアの平和と安定を脅かす問題であることは確かである。したがって、国際社会が六者会談で朝鮮の核問題に臨んでいるように、日中韓三国に朝鮮、アメリカといった歴史認識問題の主な当事者が参加する「五者会談」が必要ではなかろうか。

戦後、日本は平和憲法を維持し、ODA（政府開発援助）などを通じてアジアや国際社会に貢献してきた。また多くの日本人は平和を希望し、近隣諸国との友好を望んでいる。日本の政治家や論客はこうした民衆の願を重く受け止め、過去の歴史を師とし、東アジアの明るい未来を切り開くべきであろう。

参考文献

徐志民『戦後日本人の戦争責任認識研究』社会科学文献出版社、二〇一二年
歩平『戦後を越えて―日本の戦争責任認識』社会科学文献出版社、二〇一一年
王向遠『日本右翼の歴史観批判研究』寧夏人民出版社、二〇〇七年
呉広義『日本の歴史認識問題解析』広東人民出版社、二〇〇五年
都施煥ほか『日本の安倍政権の歴史認識と韓日関係』［ソウル］東北アジア歴史財団、二〇一三年
内海愛子・大沼保昭・田中宏・加藤陽子『戦後責任―アジアのまなざしに応えて』岩波書店、二〇一四年
大沼保昭『東京裁判、戦争責任、戦後責任』東信堂、二〇〇七年
劉傑・三谷博・楊大慶『国境を越える歴史認識―日中対話の試み』東京大学出版会、二〇〇六年
高橋哲哉『戦争責任論』講談社、二〇〇五年

イアン・ブルマ（Ian Buruma）著、石井信平訳『戦争の記憶―日本人とドイツ人』筑摩書房、二〇〇三年

注

（1）羽場久美子「欧州議会は、なぜ従軍慰安婦非難決議を出したか」『学術の動向』二〇〇九年三月

（2）「朝日新聞」二〇一三年一二月二六日（電子版、以下の新聞資料はいずれも電子版を引用した）

（3）「産経ニュース」二〇一五年三月七日

（4）「日本経済新聞」二〇一四年三月三日

（5）「J-CASTニュース」二〇一四年一二月一八日

（6）「ハンギョレ新聞」二〇一五年二月六日

（7）「日本経済新聞」二〇一五年三月一〇日

（8）「中国日報」二〇一四年一〇月三一日

（9）「朝鮮日報」二〇一四年一〇月三一日

（10）山岸憲司「国連拷問禁止委員会の総括所見に関する会長声明」二〇一三年六月四日（日本弁護士連合会HPより）

（11）「47NEWS」二〇一四年七月二五日

（12）「読売新聞」二〇一三年八月二八日

（13）「産経ニュース」二〇一四年四月二五日

（14）「NHK時事公論」二〇一四年四月二三日

（15）「産経ニュース」二〇一五年四月二日

（16）「産経ニュース」二〇一五年三月二八日

第10章　なぜ日本軍「慰安婦」問題が大きな問題となっているのか

林　博史

はじめに

ここでは、なぜ日本軍慰安婦問題が一九九〇年代に大きな問題となり、今日においても問題になり続けているのか、さらにこの問題を解決することが日本社会にとってどのような意味があるのか、について考えたい。

一、世界的に問題になってきた戦争責任・植民地責任

第一に戦争責任・ナチ責任との比較の問題である。ドイツがナチ責任に関して被害者への個人補償を本格的におこない始めたのは一九七〇年代からであるが、第二次世界大戦終了の五〇周年にあたる一九九五年には、連合国の側であったフランスや、スイス、オーストリア、チェ

コなどもユダヤ人迫害への加担などの事実を認め謝罪をおこなうなど、謝罪の年とも言えるものとなった。特にヨーロッパでは冷戦が終了し、自国の問題点を率直に認めることができるようになっていった。

先住民に対する非人道的行為についても一九八〇年代に米国がアメリカ・インディアンや日系人に対する謝罪と補償を実施していたが、オーストラリアでもアボリジニーに対し先住民として認め、それまでの差別政策を是正する措置が取られ始めた（首相による公式謝罪は二〇〇八年ケビン・ラッド首相による）。ニュージーランドのマオリに対して一九九五年英国のエリザベス女王が謝罪をおこない、さらに一九九六年、ニュージーランド政府は奪った土地への賠償と謝罪をおこなった。

こうした状況の背景には、欧米において帝国主義に対する批判的な研究が進展し、自国の帝国主義（植民地支配、奴隷制など）への批判や反省がなされるようになってきたことがある。北米に次いでヨーロッパ各国も多民族社会になり、ヨーロッパ統合が進展して一九九九年には統一通貨ユーロが発足するなど、一国の歴史を正当化することができなくなりつつあった。日本においても一九八〇年代からようやく加害の事実を直視する研究と市民の取り組み、さらに九〇年代に入り、侵略戦争と植民地支配の被害者への謝罪と補償をおこなう動きが始まった。

なお植民地支配を問う動きは、こうした九〇年代の動きを受けて、二〇〇一年八月に南アフリカのダーバンで開催された「人種主義、人種差別、外国人排斥および関連のある不寛容に反対する世界会議」、いわゆるダーバン会議となって結実した。ここでの政府間宣言において「奴隷制と奴隷取引は人道に対する罪」と明記され、「植民地主義が人種主義、人種差別、外国人排斥及び関連のある不寛容をもたらし、アフリカ人とアフリカ系人民、アジア人とアジア系人民、及び先住民族は植民地主義の被害者であったし、いまなおその帰結の被害者であり続けている」、「奴隷制、奴隷取引、大西洋越え奴隷取引、アパルトヘイト、植民地主義及びジェノサイドがもたらした大規模な人間の苦痛と無数の男性、女性および子供たちの苦境を認め、深く残念に思い、過去の悲劇の犠牲者の記憶に敬意を捧げ、それがいつどこで起きたものであれ、それらが非難されねばならず、再発が防止されねばならないことを確認するよう関連する各国に呼びかける」という内容が採択された。

この政府間宣言では、植民地主義への謝罪と賠償の必要性には触れられなかったが、NGO宣言では「これらの人道に対する罪を認め、賠償することを拒否し、あるいは失敗してきたことが、人種主義、人種差別、黒人に対する敵意、外国人排斥及び関連ある不寛容の強化において決定的な役割を果たしてきたことを認識し」、「これらの犠牲者に正当かつ公正な賠償を提供する義務を認めるべきである」と賠償義務も明記された。

一九九〇年代は、戦争責任・ナチ責任から、先住民への迫害の責任、さらには植民地責任が問題とされる重要な一〇年となったのであり、日本の戦後補償問題はこうした世界史的な動向のなかに位置づけられる。

二、女性に対する暴力、女性の人権という視点

第二に女性の人権の問題である。この問題でも一九九〇年代は大きな転換点であった。冷戦終結後の旧ユーゴスラビアやルワンダにおける戦時性暴力によって、女性の人権の重要性が認識され、国際社会がこの問題にきちんと取り組んでこなかったことが問題とされた。国連人権委員会（二〇〇六年人権理事会と改組）が取り組みの場となるが、そこで、二〇世紀における最大規模ともいえる戦時性暴力である日本軍慰安婦制度が放置されてきたことが問題として認識された。

一九九三年のウィーン世界人権会議で取り上げられたことを契機に、女性の人権が世界的な課題であることが明確に認識されるようになり、さらに同年、国連総会は「女性に対する暴力撤廃宣言」を決議した。九四年に国連人権委員会において、女性に対する暴力特別報告者が設けられクマラスワミ氏が任命された。二〇〇三年にクマラスワミ氏の最終報告書が国連人権委員会に提出されたが、そこで取り上げられている問題は、武力紛争（戦時性暴力）をはじめ、家庭における暴力、性暴力・レイプ、セクシャルハラスメント、人身売買、伝統的慣行などとなっている。日本軍慰安婦問題はこうした女性への暴力、女性の人権問題の一つであることを認識しておく必要がある。

九〇年代の取り組みを受けて、二〇〇〇年一〇月には国連の安保理において、「すべての国家には、ジェノサイド、人道に対する罪、性的その他の女性・少女に対する暴力を含む戦争犯罪の責任者への不処罰を断ち切り、訴追する責任があることを強調する」という決議一三二五号が採択された（二〇〇八年六月にも同様の安保理決議一八二〇号が採択）。戦時性暴力に対する不処罰の歴史が戦時性暴力の多発という現状を招いてしまったという反省が背景にはあった。

こうした中で二〇〇〇年一二月に開催されたのが、日本軍性奴隷制を裁く女性国際戦犯法廷だった。この裁判長には、旧ユーゴスラビア刑事裁判所所長が、首席検察官には同裁判所ジェンダー犯罪法律顧問がつくなど、九〇年代の国際社会の取り組みがこの法廷を実現したといえよう。

女性の人権を侵害する暴力は、国家間の賠償問題で解決されるものではなく、人権問題であり、被害女性の人間としての尊厳が回復されなければならないという認識が含まれていることを確認しておく必要がある。

慰安婦制度を正当化しようとする安倍晋三政権に対して、二〇〇七年に米国下院をはじめオランダ、カナダなど多くの国の議会で慰安婦に関する決議が挙げられたが、EU決議（二〇〇七年一二月）のなかで、「B　〝慰安婦〟制度は輪姦、強制堕胎、屈辱及び性暴力を含み、障害、死や自殺を結果し、二〇世紀の人身売買の最も大きなケースのひとつ」とあるように、慰安婦問題は人身売買の問題でもあると適確に捉えている。慰安婦問題は、戦時性暴力の問題であると同時に、戦時には限らない性暴力、人身売買の問題でもあると認識されている。

米下院決議を推進した米国のNGOである「アジア・ポリシー・ポイント」のミンディ・カトラー代表は、下院公聴会（二〇〇七年二月一五日）の席で、次のように語っている。

「日本のケースは、今日の人道問題と戦時性暴力の理解の前例となります。将来の戦時性暴力を裁き防ぐための最も重要な手段は、性暴力・奴隷制、搾取の事実を認めるという前例を作ることです。日本軍の慰安所は、ボスニア・ルワンダ・ニカラグア・シエラレオネ・ダルフール・ビルマなど、今日の戦争や市民紛争の議論で頻繁に取り上げられる性奴隷制・戦時性暴力・人身売買など全ての問題の前身ともいうべきものでした。」

九〇年代はこのように女性に対する暴力、女性の人権問題が国際社会における重要な課題として登場してきた時期であり、女性へのいくつもの暴力が複合した日本軍慰安婦問題は、その不処罰など解決されなかったことの負の大きな影響が問われたのである。そこでは日本政府が真摯に取り組むことが期待されていた。

たとえば米下院のラントス外交委員会委員長は次のようにインタビューに答えている（徳留絹枝「米議会と日本の歴史問題」）。

「この決議は、日本の過去の政府の行為を罰しようというものではありません。そうではなく、日本の真の友人として、米議会は決議案一二一を通じて、これらの女性と日本の国が癒され未来に向かうために、日本が過去の困難な時期の出来事を全て公式に認めるよう、頼んでいるのです。そのような癒しの過程は、日本の人権擁護への取り組みを再確認するだけではなく、日本の隣国との関係を改善し、アジアと世界におけるリーダーとしての地位を強固にするでしょう。私たちが二一世紀を生きていくに当たり、日本は世界の中で益々積極的な役割を果たしていくべきです。過去と真摯に向き合うことは、そのプロセスに役立ちますし、日米関係を弱めるどころか堅固にするのです。」

しかし日本政府は、世界からの期待と要請には背を向け続けているのである。

三、東アジアの冷戦構造の変化——民主化の進展

第三に東アジア諸国・地域の問題である。東アジアにおいては冷戦が終わったとは言い切れないが、世界的な規模での冷戦の終了は東アジアにおいても大きな変化をもたらした。

第二次世界大戦後、日本の占領政策において米国は、天皇や七三一部隊、無差別空襲などの戦争責任を免責し、非人道的な戦争犯罪を処罰することよりも、米国の戦後アジア政策と米軍

の軍事行動の自由を優先した。冷戦状況が進む中で、植民地支配に対する反省も、そのなかでおこなわれた非人道的行為の追及も棚上げされた。さらに米国は日本を同盟国として確保利用しようとしたために、日本の侵略戦争によって最も深刻な被害を受けた中国はサンフランシスコ講和会議に招待されず、植民地だった韓国・北朝鮮も共に講和から排除された。その後、日本は東南アジア四カ国と賠償協定を結んだが、国家間での役務の提供（事実上の経済援助）に限定され、被害者への謝罪も補償も完全に無視された。

韓国との関係を見ると、日韓の国交正常化交渉において、日本政府は植民地支配を反省するどころか、むしろ正当化する発言をおこない何度も行き詰るが、一九六五年に日韓協定が締結され国交が回復した。この背景には一九六一年に軍事クーデターによって民主化を押し潰して生まれた朴正煕軍事政権を支援しようとする日米両政府の思惑があった。

戦前、日本軍の陸軍士官学校を卒業して満州で抗日運動を取り締まっていた、いわゆる親日派（対日協力者）だった朴は、賠償請求権を放棄する代わりに日本から経済援助を得て、政権基盤の強化を図った。七〇年代になり、戦時中の徴兵あるいは労務者として徴用されて死亡した遺族に日本から得た無償資金の一部を配布したが、計九一億ウォン（五八億円）にすぎず、日本から得た無償資金三億ドル（一〇八〇億円）のうちのわずかにすぎなかった。もちろん元日本軍「慰安婦」の女性たちは対象に含まれていなかった。

韓国の独裁政権は軍人や官僚など親日派が握っていた政権であった。独裁政権下の韓国では、被害者が自らの声を挙げることも許されなかった。メディアなどでの対日批判は、国民の怒りと不満のガス抜きにすぎず、独裁政権は日本との関係を重視したのである。

韓国民衆の民主化への闘いによって、ようやく一九八七年に大統領選挙がおこなわれ（盧泰愚大統領）、さらに民主化勢力に支持された金大中大統領が誕生したのは一九九八年のことだった。民主化運動を担ってきた人々が植民地支配による被害者たちの問題を取り上げられるようになるのは、一九九〇年ごろからだったのである。

他方、北朝鮮とはいまだに国交はなく、北朝鮮の被害者はまったく無視され続けている。

中国については、日本はアメリカの圧力をうけて中国政府を認めず、台湾の中華民国政府と国交を結ぶが、国共内戦に敗北して台湾に逃げていた国民党政権は、自らの生き残りのために賠償請求権を放棄して日本政府の支援を求めた。台湾では一九四九年に敷かれた戒厳令の下で一党独裁政治が続き、戒厳令が解除されたのが一九八七年、選挙により国民党政権が倒れたのは二〇〇〇年のことだった。九〇年代になりようやく台湾の人々は声を挙げられるようになった。

中華人民共和国とは一九七二年にようやく国交を回復するが、中国共産党は、一九五〇年代以来、日本との関係改善を求めて寛大な政策を追求しており（文化革命期を除いて）、戦争・侵略によって被害を受けた民衆の怒りを抑えてきた。ソ連に対抗するために日米の協力を必要とした中国政府は日中国交回復にあたっても被害者の声を抑えた。しかし経済開放と経済成長にともない人々の声を抑えることができなくなり、元慰安婦や日本軍による性暴力被害者、あるいはその支援者たちが声を挙げられるようになったのは九〇年代半ばからだった。

アメリカの強い影響下にあったフィリピンでは、一九六五年に権力を握ったマルコス大統領は七二年には戒厳令をしき、八六年に失脚するまで独裁政権を維持した。その間、植民地支配の清算が進まず、日本軍支配下での被害者の声は抑圧され続けた。

インドネシアでは、軍部をかつての対日協力者が握り、さらに一九六五〜六年のクーデターで権力を掌握したスハルト独裁政権は、日米の支援を受けて反体制派を抑圧して政権を維持した。スハルト大統領は一九九八年に辞職し、翌九九年に総選挙がおこなわれ、スハルト体制は倒れた。その間、日本軍による被害者は声を挙げることができなかった。

インドネシアによって占領されていた東チモールではようやく一九九九年に国連の監督下で独立に向けた住民投票が実施され、二〇〇二年に独立を果たした。東チモール内での日本軍による性暴力被害者が声を挙げ始めたのはこのころのことである。

ビルマでは、日本軍が利用した軍人ネ・ウィンとその後継者たちによる軍事政権が続いていた。二〇一〇年ごろから民主化が進み始めているが、いまだその途上である。

四、問われる二〇世紀

このように日本はアジア諸国の独裁政権を支援することにより被害者の声を抑えてきた。賠償交渉にあたって日本もそれらの政権も国家賠償という観点しかなく、被害者の被害回復・人権という視点はまったく欠けていた。したがって被害者たちの救済ではなく、経済成長とそれによる政権基盤の強化のために賠償は使われてきた。冷戦の下で、反共という理由がそうした独裁と人権無視を正当化する口実とされた。そうした独裁政権を頂点で支えていたのは米国だが、同時に日本も経済面で支えていた。こうしたなかで東アジアの民衆、特に被害者たちは分断され、お互いの状況もわからず声を挙げられない状況が続いてきたのである。

このようにかつての大東亜共栄圏、言い換えると日本の植民地と占領地だった東アジアと東南アジアの状況を見ると、長期の軍事独裁政権が続いていた韓国、インドネシア、ビルマなどのいずれもが、かつて日本軍が育成した軍人が政権を奪取し、維持してきたのであり、日本軍による支配の遺産であるとも言える。日本の植民地支配・軍事占領というのは、一九四五年で終わっていなかったとも言えよう。

こうしたことを考えると、一九九〇年代以降の民主化の進展は、独裁体制を倒し民主化するという課題と同時に、日本の植民地支配・軍事占領の、負の遺産の克服という課題を、並行して進めていくということを意味している。その典型的な例が韓国であった。

東アジアで問題になっているのは、単に七〇年前までの過ぎ去った歴史の精算ではなく、戦前、戦中、戦後を通した、二〇世紀の日本が犯した数々の行為とそこで作り上げた構造（一九四五年以降は米国がそれを温存利用したのだが）、すなわち日本の帝国主義、植民地主義のあり方全体を精算するという課題でもある。この点は、戦前戦中の連続性が強い日本の民主化の課題と共通するものがある。いずれにせよ一九九〇年代は、こうした東アジア・東南アジアの民主化が進み、あるいは中国の一党支配体制が緩み、民衆が自らの声を挙げ、運動を組織できるようになった時代でもあったのである。

戦争責任も植民地責任も果たさず、後ろ向きの言い訳だけしてそこから目を背け、女性の人権意識も脆弱なままで（政治経済社会など日本社会における女性の地位は先進国のなかでも最低レベルであるだけでなく、国会議員の女性比率など百数十位のまま低迷し続けている）、冷戦構造と日米同盟によりかかって冷戦を打破するための主体的な努力をせず（あるいはその努力が実を結ばなかった）、ここで挙げた三つの世界史的な流れを理解できないままにきているのが、日本政府であり日本社会である。

日本は、九〇年代に以上述べたような世界的な流れに直面することになった。その課題の焦点となったのが、とりわけ日本軍慰安婦問題だったのである。

五、日本社会の未来にとって解決すべき課題

こうした中で日本軍「慰安婦」問題について解決すること、すなわち、日本国家が女性の人権を侵害した重大な人権侵害であり、その事実を認め、被害者に謝罪し、その償いを実行することは、被害女性の人権回復、救済のために必要であることは言うまでもない。

九〇年代に多くの市民がこの問題に取り組み始めたきっかけは、被害者が生きているうちにその名誉回復と人権救済を実現したいという思いからだった。元慰安婦の女性たちが名乗り出たことが人々に衝撃を与え、戦後補償運動に駆り立てていったのである。その思いは、元慰安婦の女性たちが次々に亡くなり、高齢化している今日、ますます強くなっている。

米国がその出来事から一〇〇年以上がたってからアメリカ・インディアンに対して、土地の強奪や虐殺など非人道的行為を謝罪し賠償をおこなったことは、それ自体としては大きな意味があることだが、やはり直接の被害者が生きている間に実現したかった。

このことを確認したうえで、日本軍慰安婦問題の解決はそれにとどまらない意義を有している。

第一に、日韓関係をはじめとして、日本の植民地支配・占領によって被害をうけた国々・地域の人々との関係の改善、信頼関係の回復という点である。慰安婦問題は日本の侵略戦争と植

民地支配にともなう加害行為の象徴的な位置にあるので、この問題で真摯な対応をおこなうことは、韓国や中国、東南アジア諸国、さらには米国や英国、オランダ、オーストラリアなども含めて、全般的な信頼醸成に大いに貢献するだろう。

第二にそのことは、日本社会における人権、特に女性の人権の尊重という日本社会の規範を築いていく大きな一歩となるだろう。慰安婦問題は、戦時性暴力であると同時に、人身売買や強制売春などさまざまな女性への人権侵害が複合したものであり、女性差別が依然として根強い日本社会を変えることにつながるだろう。

「平和の碑」（少女の像）

第三に、自らの過ちを認めることは誠実で勇気ある者だけができることである。過去を克服することを通じての日本社会のモラルの回復、日本の市民が未来を築いていく自信と展望を獲得することにつながるだろう。過去の「栄光」にしがみついて、それの弁護・正当化に汲々とするような社会に未来はない。「過去の克服」によってこそ未来を切り拓くことができる。

第四に、そうしたことを通じて、人権を重視し前向きにその努力をおこなう平和国家日本の国際社会における評価と地位を得ることにつながるだろう。

第三の点について少し述べると、近年の日本では、他者を攻撃中傷するだけの言論が横行している。韓国・朝鮮人や中国人への差別意識が掘り起こされて増幅されている。強者・権力者を擁護し（自己を強者と一体化させながら）、その立場から被害者・弱者を攻撃・中傷する点に共通性がある。そこでの攻撃罵倒の対象は韓国中国だけでなく、元「慰安婦」の女性たちや在日韓国朝鮮人など差別抑圧迫害されている人々に向けられる。

今日、日本は経済停滞が続き、人口が減少し、将来がよくなる展望が失われ、かつ人々の生活を保障していた集団（会社、地域社会・家族）が解体され、一人ひとりがバラバラにされて人権を無視した競争社会に投げ込まれている。見下していた中国、韓国が台頭し、経済的に追い抜かれたことも差別意識を刺激している。こうした中で、事実かどうかは問題ではなく、自分が安心できるものを「事実」だと信じたい、自分が責められるようなことは否認したいという傾向が強まっている。差別迫害されている者や弱い者を攻撃し叩くことによって、自己の「優位さ」、「強さ」を示し、「不安」を解消し「自信」を持ちたいという衝動と言えるかもしれない。よりよい未来を築く展望も自信もないから、過去の歴史のなかになにか誇れるものを見つけようとするしかない。

かれらの攻撃対象は弱者あるいは反撃されても自分に不利益を被ることのない者ばかりである。強者の横暴は容認される。安倍政権の下でそれを批判するものに対する政治的な圧力、圧迫が強まり、経済界では人権など無視することが堂々となされている中で、人権意識はますます弱まり、こうした傾向が強まっている。こうした動向は、卑屈な後ろ向きの姿勢であり、未来を展望するものは何も生まれない。過去の幻影の中に「誇り」を見出そうとするだけの、後ろ向きの幻想に過ぎない。

現在の日本社会において人権が守られていると考えている者はいないだろう。しかしそれが当たり前と言ってしまっていいのだろうか。人権を掲げるということは、現実はそうなっていないが、人権が保障され人々が人間らしく生きていける社会を作っていこうという決意と呼びかけである。それは自由民主主義社会の規範であるべきだろう。

規範とは、よりよい社会に向かって目標を設定し努力するという営みであり、それが揶揄中傷されているのが日本社会の現状である。よりよい未来にむけて共に努力しようという呼びかけこそがいまの日本社会には必要であると思う。「過去の克服」は、よりよい未来を作っていこうとする人々の自信と力と希望を作り出す営みでもある。これこそが「未来志向」である。

参考文献

林博史『日本軍「慰安婦」問題の核心』花伝社、二〇一五年
林博史『戦後平和主義を問い直す』かもがわ出版、二〇〇八年
日本軍「慰安婦」問題ウェブサイト運営委員会編『Q&A 「慰安婦」・強制・性奴隷 あなたの疑問に答

えます』御茶ノ水出版、二〇一四年
「戦争と女性への暴力」リサーチ・アクションセンター編『慰安婦バッシングを超えて―河野談話と日本の責任』大月書店、二〇一三年
ラディカ・クマラスワミ、VAWW‐NETジャパン翻訳チーム訳『女性に対する暴力をめぐる一〇年―国連人権委員会特別報告者クマラスワミ最終報告書』明石書店、二〇〇三年

第11章　戦犯裁判と日本の戦争責任

佐治暁人

はじめに

世界中の人々に大きな被害をもたらした第二次世界大戦後、国際社会は法の裁きにより、二度とこのような被害が起こらないよう戦犯裁判を実施した。本稿は国際社会が、第二次世界大戦によってもたらされた被害にどのように対応したのかに関して、第二次世界大戦以前における取り組みに触れつつ、同大戦後に実施された二つの戦犯裁判（A級戦犯裁判とBC級戦犯裁判）を通じて理解し、戦犯裁判との関連から日本の戦争責任についても考えてみたい。

一、第二次世界大戦と戦犯処罰問題

第二次世界大戦は、世界中の人々に大きな被害をもたらした戦争であった。特に、ドイツや日本の侵略を受けた国や地域では組織的な残虐行為が発生し、全世界で死者五千万人余りにもなった。このような組織的な残虐行為に対して、連合国は、第二次世界大戦までの戦時国際法を問いなおす検討を進めて行くこととなる。

第二次世界大戦までの時点における戦時国際法は、以下二つの行為を戦争犯罪と捉えていた。一つは、「通例の戦争犯罪」とされるものである。これは、一九〇七年に締結された「陸戦の法規慣例に関する条約」(ハーグ条約)とそれに付属する「陸戦の法規慣例に関する規則」(通称「ハーグ陸戦法規」)によって、非人道的兵器の禁止(毒ガスなどの使用を禁止する)、捕虜・傷病者・占領した地域における住民の保護を定めており、これらに違反した敵国民を裁く権利を相手国に認めるものであった。

もう一つは、国際紛争を解決する手段として、特に侵略戦争を違法とするものである。これは、総力戦により民間人に多大な犠牲を出した第一次世界大戦への反省から、戦争という手段そのものを禁止しようとする考え方によるもので、一九二八年の不戦条約の発効へと導き、後に、「平和に対する罪」へと発展する。

第一次世界大戦における戦犯処罰は、連合国がドイツに対し容疑者の引き渡しを求めたものの実現せず、ドイツ自らがライプチヒ最高裁判所で裁き、九件一二名を起訴した。だが、そのうち六名が無罪となり、有罪とされた者も禁固二年ないし四年程度の軽い刑となったに過ぎず、連合国による厳しい批判を巻き起こした。また、同大戦後に締結されたヴェルサイユ条約(一九一九年）では、ドイツ皇帝ヴィルヘルム二世を裁判で処罰することを規定していたものの、ドイツ皇帝はオランダに亡命し、オランダが引き渡さなかったため、裁判は実現することなく終わった。つまり、後に実施されたニュルンベルク裁判や東京裁判などの戦犯裁判は、事後法に基づくものであると批判されているが、後者の「平和に対する罪」については、一九四五年八月になってから処罰に関する手続きが決定されるものの、前者の「通例の戦争犯罪」については、第二次世界大戦以前から戦時国際法上、犯罪者として被害国の処罰が認められていた。

しかし、第二次世界大戦中発生したドイツや日本による組織的な残虐行為は、主に、戦場における個別の行為、すなわち、捕虜や非戦闘員に対する犯罪を抑止することを目的とした従来の戦時国際法では対処できないとの認識から、連合国は組織的な残虐行為をどのように処罰すべきかという問題を活発に議論していくこととなる。こうした議論を積極的に展開したのが、ドイツから侵略を受けたヨーロッパ各国政府（亡命政府）であり、チェコスロバキアやポーランドなど九カ国は、一九四二年一月、ロンドンのセントジェームズ宮殿で行われた決議において、ドイツによる市民への残虐行為を裁判によって裁くことを求めた。

さらに、一九四三年になると、米英ソの三国首脳は、連合国が戦争犯罪者を処罰するとの内容を含むモスクワ宣言を発表した。その一方で、これとほぼ同時期に、連合国戦争犯罪委員会が設置された。連合国戦争犯罪委員会は、チェコスロバキアやポーランドなどに加え、イギリス、アメリカ、中国など一七カ国が参加し、後に中国の重慶に小委員会も設置された。

連合国戦争犯罪委員会には、外交官だけでなく、第一次世界大戦後、戦争違法化に取り組んできた学者や法律家などが各国政府の代表者として参加しており、戦犯処罰問題に関して重要な議論を行った。同委員会による議論は、この戦争では、組織的な残虐行為が発生しており、戦時下において発生した残虐行為（戦争犯罪）の責任者（実行者や命令者）を処罰する従来の戦時国際法の捉え方では不十分であるとの認識（後に、「人道に対する罪」として定式化される）だけでなく、組織的な残虐行為を行った侵略戦争を計画・準備・開始・遂行した国家や軍の指導者を処罰しなければならないとの認識（後に、「平和に対する罪」として定式化される）を生み出した。同委員会は、このような認識に基づき、各国が個別に戦争犯罪を裁く権利を認めつつも、国際条約に基づく国際法廷によって裁くべきだと提案した。

以上のような連合国戦争犯罪委員会の提案に対し、イギリス政府は、自国民に対する個々の戦争犯罪を自ら裁くべきだと考えており、ドイツの戦争指導者たちも裁判によって裁くべきではなく、逮捕後に即決処刑することを望んでいた。一方、アメリカ政府は、戦犯処罰問題に関する方針が定まっていなかった。そのため、同委員会の提案は、一旦葬りさられることとなった。

しかし、アメリカのスチムソン陸軍長官は、連合国戦争犯罪員会による議論をふまえ、逮捕後に即決処刑することはアメリカの正義の伝統に反するとの理由から、裁判による処罰を主張し、アメリカ政府内での検討が進められた。その結果、個々の戦争犯罪は、各国が個別に裁判所を設置し処罰することを確認した上で、戦争指導者である主要戦犯を裁判で処罰する、そのために政府間協定に基づく国際法廷を設置する、との提案がまとめられ、一九四五年四月、トルーマン大統領はこの提案をアメリカ政府の政策として承認した。イギリス政府も、ドイツの戦争指導者たちを裁判によって裁くべきではないと考えていたものの、ヒトラーの自殺を契機として、アメリカ政府の提案を受け入れた。

二、戦犯裁判の実施とその問題点

1．A級戦犯裁判（東京裁判）とその概要

一九四五年六月以降、米英仏ソ四カ国はロンドンにおいて協議を開始し、同年八月、「欧州枢軸国の重要戦争犯罪人の訴追および処罰に関する協定」、すなわち、「ロンドン協定」とそれに付属する「国際軍事裁判所条例」に調印した。同条例では、国際軍事裁判所が管轄する犯罪として、A項で侵略戦争を計画・準備・開始・遂行などの「平和に対する罪」、B項で「通例の戦争犯罪」、C項で「人道に対する罪」が定められ、一九四五年一一月、同条例に基づき、ドイツに対するA級戦犯裁判（ニュルンベルク裁判）が開始された。

それに対して、この条例に準拠した「極東国際軍事裁判所条例」により、一九四六年五月、連合国一一カ国による極東国際軍事裁判（東京裁判）が開始された。日本に対するA級戦犯裁

判として実施された東京裁判の場合、アメリカ、イギリス、ソ連、フランスの四カ国が対等な立場で裁判の運営に関わったニュルンベルク裁判とは異なり、連合国最高司令官であるマッカーサーが極東国際軍事条例を公布し、判事・検事の任命を行うものであり、アメリカが主導するかたちで進められた。

しかし、必ずしもアメリカの思惑通りとならなかったことは、東京裁判の判決（一九四八年一一月）に示されている。東京裁判では、判決前に死亡した二名と精神異常者一名を除き、二五名を有罪とし、その内七名が死刑（絞首刑）となっているが、死刑となった七名は、いずれも「通例の戦争犯罪」で有罪となった者であり、「平和に対する罪」のみで有罪となった者は、死刑になっていない（なお、東京裁判では、C級犯罪は不適用）。当初、「平和に対する罪」と真珠湾攻撃のみを訴追しようとしていたアメリカの首席検察官であったジョセフ・キーナンに対して、イギリスの参与検事であったコミンズ・カーなど多くの参与検事が「通例の戦争犯罪」を取り上げるべきだと主張し、中国、東南アジア、太平洋各地における日本軍による残虐行為の証拠書類が多く提出されたことが、このような判決に結び付いたと理解できる。

「平和に対する罪」や真珠湾攻撃のみを訴追するアメリカの狙いには、戦犯裁判の長期化を避けるという狙いがあった。当初、アメリカは、東京裁判で起訴した二八名以外にも継続して裁判を実施することを予定していたが、戦犯裁判の長期化を避けるため、継続する裁判の実施を断念した。その結果、新たに設置されたＧＨＱ裁判によって裁かれた二件二名を除き、岸信介を含むそれ以外のA級戦犯容疑者が釈放された。

一方、東京裁判は、アメリカの政策的判断により、大きく歪められた側面を有している。このような側面は、天皇の不訴追や、天皇の側近グループ（宮中グループ）、外務省をはじめとする官僚、海軍、財閥、政治家たち「英米派」「穏健派」と呼ばれている人々が裁かれなかったという問題を生み出した。これら「英米派」「穏健派」と呼ばれる人々は、天皇を利用して占領政策を円滑に行うといったアメリカの政策的判断を利用し、天皇を含め自分達は平和主義者であり、軍国主義的な陸軍軍人たちによって、戦争が推進されたというイメージを作り出すために、積極的な裁判協力を行った。つまり、これら「英米派」「穏健派」と呼ばれる人々が裁かれなかったことは、東京裁判が日米合作によって進められたことを如実に示している。

他方で、東京裁判は、裁かれなかった戦争犯罪という問題も抱えている。このような戦争犯罪の代表的なものが、七三一部隊による細菌戦や化学戦である。細菌戦に関しては、よく知られているように旧日本軍の研究データーをアメリカが独占的に入手する目的から、化学戦に関しては、化学兵器の使用に関する制約をアメリカ自身に課されることを避ける目的から、東京裁判において取り上げられなかった。また、中国共産党勢力下における抗日根拠地やゲリラ地区の民衆に対する残虐行為である三光作戦や、都市に対する無差別爆撃などの問題も審理から外された。

さらに、裁かれなかった戦争犯罪という問題において重要なことは、朝鮮人の強制連行・強

	合計	アメリカ	イギリス	オーストラリア	オランダ	フランス	フィリピン	中国
件数	2244	456	330	294	448	39	72	605
人数	5700	1453	978	949	1038	230	169	883
死刑判決		255	281	225			79	
死刑確認	984	143	223	153	236	* 63	17	149
死刑最終確認	934	140	223	153	226	26	17	149
無期・有期刑	3419	1033	556	493	733	** 135	114	355
無罪	1018	188	116	267	55	31	11	350
その他	279	89	83	36	14	1	27	29

* 63 名のうち 37 名は不在判決。 ** 135 名のうち 6 名は不在判決。

（出典）林博史『ＢＣ級戦犯裁判』、岩波書店、2005 年。法務大臣官房司法法制調査部『戦争犯罪裁判概史要』、1973 年を参照。

（注）・中国は、中華民国（国民政府）によるもののみで、中華人民共和国によるものは含んでいない。
・「その他」は、起訴取り下げ、公訴棄却、判決不承認、病気帰国、逃亡、結果不明など。
・同表は、判決ではなく確定した刑の人数を示している。
・「人数」は、「死刑確認」、「無期・有期刑」、「無罪」、「その他」の合計数となる。
・「死刑確認」のうち 13 名は減刑され、「無期・有期刑」に追加される。そのため、「無期・有期刑」の最終的な人数は、3432 名となる（不在判決 6 名を含む）。
・同表の人数は、各国の裁判資料の人数と異なるものがほとんどである。

表　対日 BC 級戦犯裁判の裁判国別結果概要

制労働や、朝鮮人女性の日本軍「慰安婦」への動員など、植民地支配の問題が全く裁かれなかったことである。このことは、ＢＣ級戦犯裁判と共通している。

しかし東京裁判において、日本軍「慰安婦」問題が取り上げられなかったという認識は誤りである。東京裁判では、日本軍「慰安婦」問題に関し、オランダ、フランス、中国の検察官から合計七点の証拠書類が提出され、判決で中国のケースについて言及している。従って、不十分ではあるが、日本軍「慰安婦」問題が戦争犯罪であるとの認識が連合国にあったと理解できる。

2. ＢＣ級戦犯裁判とその概要

第二次世界大戦中、特定地域で「通例の戦争犯罪」（Ｂ級戦争犯罪）を犯した者を、連合国各国の軍事裁判によって裁いた裁判が、ＢＣ級戦犯裁判である。「通例の戦争犯罪」は、第二次世界大戦以前より、被害を受けたそれぞれの国によって裁くことが認められており、国際法上の根拠がはっきりとしたものを指す。

ＢＣ級戦犯裁判は、アメリカ・イギリス・フランス・オランダ・オーストラリア・中国・フィリピンの七カ国八政府（六〇法廷。ただし、ソ連を除く）によって実施されているが、中国は、中華民国（国民政府）と中華人民共和国の二つの政府によって行われている。裁判件数は二二四四件、被告数は五七〇〇名、内死刑確定が九三四名、無期・有期刑は三四一九名となっている。しかし、この人数は日本側によってまとめられたものであり、ＢＣ級戦犯裁判を実施した国々が発表した人数と異なっている。

ＢＣ級戦犯裁判を理解する上で重要な点は、植民地支配の問題である。ＢＣ級戦犯裁判によって裁かれたのは、日本人だけではない。当時、日本から植民地支配を受けていた朝鮮人一四八名（死刑確定者は、二三名）や、台湾人一七三名（死刑確定者は、二一名）だけでなく、日本の支配下にあったサイパンなど南洋群島のチャモロ人、サハリンのウイルタやニブヒなどの人々も裁かれた。

ＢＣ級戦犯裁判に関しては、一般的に、「勝者の裁き」であると批判される傾向が強い。たしかにＢＣ級戦犯裁判は、検察側の証拠が一方的に採用され有罪とされたこと、弁護の機会が十分に与えられなかったこと、不適切な通訳が為されたこと、人違いによって裁かれたこと、上官の命令に従った者が裁かれたこと、拘留中に暴行されたことなどが指摘されており、こうした指摘に基づく批判があたっている場合もある。しかし、ＢＣ級戦犯裁判において、敗者である日本人のみではなく、日本から植民地支配を受けていた朝鮮人や台湾人に加え、日本の支配地域で生活していたチャモロ人なども裁かれたことは、「勝者の裁き」であるとのＢＣ級戦犯裁判に対する批判が、一面的な見方であることを裏付けている。

一方、ＢＣ級戦犯裁判によって裁かれた戦争犯罪は、殺人、虐待致死、虐待など人間に対する犯罪が圧倒的多数を占める。第二次世界大戦中、日本軍は、連合国が植民地にしていた地域を含め、アジアの多くの地域を占領し、多くの残虐行為（戦争犯罪）を犯した。従って、日本軍の残虐行為（戦争犯罪）により被害を受けた人々には、連合国軍の捕虜と、連合国の民間人と現地在住の民間人から構成される日本軍の占領地域に住んでいた民間人とが含まれる【表】。

ＢＣ級戦犯裁判によって裁かれた人間に対する犯罪を起訴内容別に見てみると、捕虜に対する犯罪の割合が四二・六％、それに対して、日本軍の占領地域に住んでいた民間人に対する犯罪の割合が五四・八％を占める。だが、ＢＣ級戦犯裁判に対する各国に取り組み方には、大きな違いがある。

中華民国やフィリピンは、直接、日本軍によって侵略占領され、現地在住の民間人が大きな被害を受けていることから、両国によるBC級戦犯裁判では現地在住の民間人に対する犯罪が圧倒的多数を占めている。それに対して、イギリス・フランス・オランダによるBC級戦犯裁判では、日本軍の占領地域に住んでいた民間人に対する犯罪が多数を占めている。イギリスによるBC級戦犯裁判では、現地在住の民間人に対する犯罪が約六割、連合国軍の捕虜に対する犯罪が約三割となっている。オランダによるBC級戦犯裁判では、現地在住の民間人に対する犯罪が約半数、連合国の民間人に対する犯罪が約三分の一、連合国軍の捕虜に対する犯罪が約一五%となっている。フランスによるBC級戦犯裁判では、連合国軍の捕虜に対する犯罪より、日本軍の占領地域に住んでいた民間人に対する犯罪が多数を占めるものの、現地在住の民間人に対する犯罪は少数を占めているに過ぎない。また、アメリカによるBC級戦犯裁判では、全体的に連合国軍の捕虜に対する犯罪を裁いているものの、フィリピン裁判だけは、連合国軍の捕虜に対する犯罪より、現地在住の民間人に対する犯罪を裁いている。オーストラリアによるBC級戦犯裁判では、連合国軍の捕虜に対する犯罪が約八割、日本軍の占領地域に住んでいた民間人に対する犯罪が約二割となっている。

以上のように、BC級戦犯裁判は、捕虜に対する犯罪が多数を占めているとの認識があるが、事実は必ずしもそうではない。また、日本軍の占領地域に住んでいた民間人に関しても、連合国の民間人に対する犯罪のみを裁いたものであるとは言い難い。つまり、BC級戦犯裁判によって裁かれた人間に対する犯罪という点から見ても、「勝者の裁き」であるとのBC級戦犯裁判に対する批判が、一面的な見方であると言える。むしろ、BC級戦犯裁判に対する各国の取り組み方は、第二次世界大戦以前、植民地を領有していた連合国（宗主国）にとって、現地在住の民間人に対する残虐行為（戦争犯罪）が深刻な問題となっていたことを示している。

また、BC級戦犯裁判では、慰安婦問題に関する裁判も実施されている。これまでの研究において、オランダ・アメリカ・中華民国による裁判でこの問題が取り扱われていることが確認されている。これらの裁判では、連合国の民間人だけではなく、現地在住の民間人の女性が被害を受けていることが問題となっている。

その一方で、BC級戦犯裁判は、朝鮮人女性への「慰安婦」動員に加え、朝鮮人の強制連行・強制労働などを裁かなかったという問題がある。これは、連合国が、日本による植民地支配の問題、すなわち、日本によって被害を受けた植民地の人々の問題を裁く考えがなかったことによるものである。つまり、東京裁判で裁かれなかった戦争犯罪が、BC級戦犯裁判でも、同様に裁かれなかったのである。

三、戦犯裁判の歴史的意義とその限界

第二次世界大戦後に実施された戦犯裁判は、侵略戦争の計画・準備・開始・遂行だけではな

く、戦時下において発生した残虐行為（戦争犯罪）を犯罪と認定し、法の裁きにより処罰するものであった。残虐行為（戦争犯罪）を国際社会において犯罪として認定したことは、残虐行為（戦争犯罪）により被害を受けた人々の怒りを抑えただけではなく、その後の戦時国際法の発展に寄与したという歴史的意義がある。

一九四六年に開催された第一回国連総会では、「ニュルンベルク裁判所条例によって認められた国際法の諸原則」が採択され、さらに、「ジェノサイド条約」（一九四八年）、「戦争犯罪および人道に対する罪に対する時効不適用に関する条約」（一九六八年）なども採択された。冷戦終結後には、旧ユーゴ国際刑事裁判所（一九九三年）や、ルワンダ国際刑事裁判所（一九九四年）などが設置され、残虐行為（戦争犯罪）を処罰する場として戦犯裁判が改めて注目されるようになった。

さらに、二〇〇三年には、残虐行為（戦争犯罪）を裁くための常設の裁判所として、国際刑事裁判所が設置された（「ジェノサイド」、「人道に対する罪」、「通例の戦争犯罪」、「侵略の罪」の四つの罪を管轄）。同裁判所は、第二次世界大戦後のニュルンベルク裁判や東京裁判と異なり、常設の中立機関で、死刑を認めず、被告の権利が尊重されるように改善された。

しかし、注意しなければならないことは、裁かれた残虐行為（戦争犯罪）がほんの一部に過ぎないことである。戦時下において発生した残虐行為（戦争犯罪）は、主に、BC級戦犯裁判において裁かれているが、同裁判は、いつどこで誰が誰に対して、どのような残虐行為（戦争犯罪）を犯したのかといった点を前提として実施される。戦時における犯罪は平時における犯罪とは異なり、加害者である日本軍の部隊が犯罪現場周辺にとどまっている可能性はほとんどなく、被害者あるいはその関係者が犯罪現場周辺にとどまっている可能性も決して高くはない。つまり、ＢＣ級戦犯裁判を実施するにあたって、捜査が行われるが、裁判となったケースは決して多くはない。

さらに、日本軍による残虐行為（戦争犯罪）は命令書が作成されている可能性が少なく、仮に作成されている場合でも、あいまいな内容であることが多く、ほとんどの場合、口頭命令によって実行される。そのため、ＢＣ級戦犯裁判において訴追されるのは、犯罪現場において命令したり、その命令を受け、残虐行為（戦争犯罪）を実行した人々が多数を占める。犯罪現場において命令した人物の責任を問うことは比較的容易であるが、「犯罪現場において命令した人物」に対して命令を下した軍司令官・師団長・連隊長など、上級責任者の責任を問うことは非常に難しい。また、上級責任者や犯罪現場において命令した人物は、命令する権限を有しているが、実際に命令を立案する参謀は命令をする権限を有していないため、戦争犯罪者として訴追される可能性が低くなる。つまり、ＢＣ級戦犯裁判が実施された場合でも、現場に責任が転嫁され、上級責任者や参謀など実質的な責任者が裁かれるケースは決して多くはない。

以上のように、第二次世界大戦後に実施された戦犯裁判は、裁判が実施されず責任を問われなかった人々や、裁判が実施されたにも拘わらず責任を問われなかった人々が多数存在しており、被害者側からだけではなく、加害者側からも処罰の妥当性が疑問視されるという問題を抱えている。こうした問題は、戦時下において発生した残虐行為（戦争犯罪）を法の裁きにより処罰する戦犯裁判が抱える限界であると言える。

おわりに

第二次世界大戦後に実施された戦犯裁判は、ドイツや日本による組織的な残虐行為を犯した者だけではなく、そのような組織的な残虐行為を生み出した侵略戦争を計画・準備・開始・遂行した責任者を法の裁きによって処罰するもので、その後の戦時国際法の発展に重要な意義を有している。その一方で、戦犯裁判には、被告の権利を十分に尊重できていない点や、裁かれなかった人々が多数存在するなどの問題点がある。

戦犯裁判に関して、日本社会では、同裁判が抱える問題点にのみ注目し、「勝者の裁き」として否定的に評価する傾向が強い。しかし、一九五〇年代における戦犯裁判をめぐる議論に注目すると、むしろ、「戦争は悪である」との考えが、大きな障害となっていたことが分かる。

このことに関し、羽仁五郎は、戦犯裁判とは「将来戦争の悲惨或いは平和の破壊とか、或いは戦争に関するさまざまの公正な法規を踏みにじる、或いは人道に対する悲しむべき行為をする、そういうものを根絶する意味」を有しているが、「戦争の悲惨というものを防止する上に、又なかんずくこの戦争犯罪人として指定されておる大多数のかたは、その範疇には入らないけれども、その首脳部にある人が或いは再び戦争を計画したり、又は人道に反するような命令を下したり、そういうことを防止する上に役立つ」ものだと指摘している（『第一三回国会　法務委員会戦争犯罪人に対する法的処置に関する小委員会　第八号』、一九五二年四月一八日）。

また、加藤充（共産党）も、「侵略戦争は人類に対する犯罪であ」り、「この戦争の組織者は、戦争の犯罪人として、その償いをしなければならない」のであり、「上に行くほど形式的な指揮監督、命令というような責任はぼかされてしま」い、「その半面に末端の命令に動かされて現場の仕事をやった人々の責任が重くとられるようなことがあってはならない」と指摘している（『第一三回国会　本会議　第三一号』、一九五二年四月一五日、『第一三回国会　法務委員会　第三一号』、一九五二年四月一二日）。

これらの指摘に示されているように、「戦争は悪である」との考えは、A級戦犯を含む戦争指導者の責任を厳しく追及する側面を有している一方で、BC級戦犯など末端の兵士の責任を免責してしまう問題点を抱えていた。たしかに、戦時下において発生した残虐行為（戦争犯罪）は、戦争さえなければ生じることがなかったものであり、戦争指導者の責任は厳しく追及されるべきだとの考えは誤りとは言えない。しかし、だからといって、戦時下において発生した残虐行為（戦争犯罪）の責任が、戦争指導者のみにあると考えることには疑問が残る。

こうした疑問に対して、羽仁は「一つの命令を遂行する場合に、自分で判断して、命令を比較的寛大に遂行するか或いはその命令をその命令通りに遂行するか、或いはその命令を非常苛酷に遂行するかというようなことは、上級のみならず、かなり下級でも或る程度の権限を持たされてる人の判断に存する」もので、「恐らく指揮官なり上司なりの命令は、婦人や子供の生命まで奪うということは考えていなかった」と指摘している（『第一三回国会　法務委員会戦争犯罪人に対する法的処置に関する小委員会　第一号』、一九五一年一一月一一日）。つまり、この指摘は、「戦争は悪である」と考え、すべての責任を戦争指導者のみに求めることなく、戦時下において発生した戦争犯罪（残虐行為）の責任を固有のものとして捉えている。

戦後日本社会は、戦犯裁判によって裁かれた人々のみに責任を押し付けてきた。しかし改めて、戦犯裁判において裁かれなかった戦争犯罪（残虐行為）を含め、日本社会とその社会に暮らす一個人の責任について考えてみる必要がある。

参考文献

アジアに対する日本の戦争責任を問う民衆法廷準備会『問い直す東京裁判』緑風出版、一九九五年
粟屋憲太郎『東京裁判論』大月書店、一九八九年
粟屋憲太郎『東京裁判への道　上・下』講談社、二〇〇六年
内海愛子『キムはなぜ裁かれたのか　朝鮮人BC級戦犯の軌跡』朝日新聞出版、二〇〇八年
小田部雄次他著『キーワード日本の戦争犯罪』雄山閣、一九九五年

佐治暁人「資料　BC級戦犯裁判と性暴力（一）」、『大阪経済法科大学アジア太平洋研究センター年報』一一号、二〇一四年
佐治暁人「資料　BC級戦犯裁判と性暴力（二）」、『大阪経済法科大学アジア太平洋研究センター年報』一二号、二〇一五年
清水正義『「人道に対する罪」の誕生』丸善プラネット、二〇一一年
東京裁判ハンドブック編集委員会編『東京裁判ハンドブック』青木書店、一九八九年
永原陽子編『「植民地責任」論』青木書店、二〇〇九年
林博史『裁かれた戦争犯罪』岩波書店、一九九八年
林博史『BC級戦犯裁判』岩波新書、二〇〇五年
林博史『戦後平和主義を問い直す』かもがわ出版、二〇〇八年
林博史『戦犯裁判の研究』勉誠出版、二〇一〇年
東野真『昭和天皇　二つの「独白録」』NHK出版、一九九八年
日暮吉延『東京裁判の国際関係』木鐸社、二〇〇二年
藤田久一『戦争犯罪とは何か』岩波新書、一九九五年
藤原彰他『徹底検証・昭和天皇「独白録」』大月書店、一九九一年
山田朗編著『歴史認識問題の原点・東京裁判』学習の友社、二〇〇八年
吉田裕『昭和天皇の終戦史』岩波新書、一九九二年
吉見義明『従軍慰安婦』岩波書店、一九九五年
吉見義明『毒ガス戦と日本軍』岩波書店、二〇〇四年

第V部　平和の探求

第12章　一九二〇―三〇年代の北東アジアにおける国際連帯活動
――朝鮮のアナーキズムとエスペラント運動を中心に――

崔　学松

はじめに

本稿は、一九二〇―三〇年代の北東アジアにおける国際連帯活動を解明する一環として、エスペランティストとアナーキストの活動を中心に考察する(1)。即ち、エスペランティストとアナーキストの活動を中心に考察する。エスペラント運動はアナーキズム運動と連動しながら展開されたのであるが、その運動はどのような内容をもったのか。また、アナーキズムは民族主義・国家主義をどのように批判したのか。さらにボルシェビズムをどのように克服しようとしたのか。以上の問題を、本稿は二〇世紀初頭から一九三〇年代にいたる北東アジア史におけるエスペラント運動と国際連帯活動の歴史を考察し、二〇世紀の北東アジア社会におけるアナーキズムの思想的役割を位置づけてみたい(2)。

考察に先立って、近代北東アジアのアナーキズム運動について略述しておく。近代中国の知識人は国家建設において、漢文の簡素化運動を展開しようと企図した。朝鮮では、ハングルという民衆の言語を育てようとした。日本では、いち早く幕府時代と明治にかけて文字の簡素化と漢文・仮名文字の混用が普遍化した。

清末の中国では、『新世紀』派のアナーキストたちが「中国文化の将来は国粋とどう対処するかにかかっている」と宣言した。(3) 清末の『新世紀』派のエスペラントをめぐる論争は、中国の漢字を廃止してエスペラントに代替する文字革命論の主張において絶頂に達した。(4) 清末の中国では、アナーキズム雑誌『民声』を中国語とエスペラントによって編集し、国際的なアナーキスト運動を紹介した。(5) 社会革命運動の先駆者たちは、エスペラント運動を通じてアナーキズムや国際プロレタリア運動などとの関係を構築していった。

二〇世紀初頭の日本人アナーキストは、国境を越えて中国に渡り、前記の『民声』の編纂・出版作業に協力した。(6) 中国では、エスペラントは初期から革命思想と関連しており、民族独立を課題として主張した。(7) 同時代の朝鮮では、アナーキストは植民地朝鮮の解放を最大の目的としたが、他の組織や団体との協力を実践しつつもつねに思想的な隔たりがあった。朝鮮では社会主義者、とくにアナーキストによってエスペラントの研究や普及活動がおこなわれた。(8)

一、二〇世紀初期のエスペラントの導入

植民地朝鮮において日本当局は、朝鮮人の思想的動態を把握する際には、「民族主義」、「共産主義」、「無政府主義」の三つの系列にわけて調査報告をおこなった。記録すべき内容がなくても「無政府主義」の項目は必ず設けていた。それだけ日本当局は、アナーキストの活動を重視し、彼らの活動を注視していたことを示している[9]。

とくに、植民地朝鮮の場合は民衆の自発的な三・一独立運動を通じて、知識人は民衆の主導での社会変革の可能性を認識し始めた。そして、大衆を主体とした運動の展開、および長期的な海外基地を基点とする本格的な抗日運動への転換を企図した。このように、植民地解放のための運動のなかで、民族主義にかわる新たな思想としてのアナーキズムは、抑圧された民衆の解放のための民衆史観であり、民族主義者たちの国内運動の限界を克服した反帝国主義の国際的連帯運動であった。そして、これは地理的に最も近い中国、朝鮮半島、日本のアナーキストの連帯でもあり、アジアのアナーキストたちとの連帯でもあった[10]。そのなかで、朝鮮半島は中国や日本のようにアナーキズムをはじめとした社会主義の思想的な土台の上で共産主義が受容されたのではなく、共産主義が受容された後にそれに対応するための方案としてアナーキズムが受容された[11]。

朝鮮にエスペラントがいつ導入されたかについての正確な記録はないが、『La Japana Esperantisto』の一九〇六年一二月号の「韓皇とエスペラント」という記事によると、朝鮮の最初のエスペランティストは高宗であった[12]。

また、韓国日報社のユ・グァンヨルの証言によれば、洪命憙が朝鮮の最初のエスペランティストであると自任していた[13]。洪命憙は日本の東京大成学館に留学したが、一九一〇年中国上海でエスペラントを学んだという。その後、洪命憙は独立運動に積極的に参加して、三・一独立運動の際には大衆動員に大きく活躍した。一九二三年九月五日発行した金億の『エスペラント独習』に洪命憙がエスペラントで序文を書いたことからみても、彼は一九一六年にエスペラントを学んだ金億よりエスペラント界でも先輩であった。

朝鮮においてエスペラント運動が始まると、洪命憙は金億を手伝ってエスペラント講習に関わった[14]。また、金億、オ・サンスン、ヨム・サンショブなどの文人によって、一九二〇年七月に『폐허（廃墟）』（表紙にはエスペラントで「LA RUINO（破壊）」の表記もある）という雑誌を創刊して、三・一独立運動後の絶望に落ちた朝鮮人留学生たちの姿を書いた文が掲載されていた[15]。一九二二年に発刊された月刊誌『開闢』の表題もエスペラントで「LA KREADO（創造）」と明記されていた[16]。

このような影響は、一九二五年の朝鮮プロレタリア芸術家聯盟（ＫＡＰＦ《カープ》）に受け継がれた。カープの機関誌『集団』第二号を見ると、一九三二年二号には朴豪が「エスペラントと勤労大衆」という題の文を掲載するなど、一九三五年に五月の解体まで社会主義系列のエスペランティストが活発な活動をしたことが明らかである。[17]

二、一九二〇―三〇年代のエスペラント普及とその社会的背景

国内において、エスペラントの普及運動が朝鮮社会の知識人たち、とくに民族主義者を中心に展開されながら、多様な分野でエスペラント使用者が現れてきた。海外においての活動は、おもに独立解放のための連帯の道具として民族主義者や社会主義者によって使用された。とくに二・八独立宣言は、東京の朝鮮人留学生に日本国内の様々な思想団体への加入と植民地解放運動への参加を呼びかけた。一九一九年二月八日、東京のキリスト教青年会一階の講堂に東京に居住する朝鮮人留学生ほぼ全員の六〇〇名が参加して、会長の白南奎が開会を宣言してから、チェ・パルヨンの司会で独立宣言式を開催した。まず、ベク・クァンスが独立宣言書を朗読し、キム・ドヨンが決議文を朗読した。[18]決議文が採択され、朝鮮独立万歳が響くと、集会を監視していた警官隊の陣圧作戦が開始され、留学生二〇名ほどが逮捕された。

この集会で開会宣言をした白南奎は、一九二〇年代末頃から一九三〇年代までエスペラント普及運動の先鋒であった。一九三一年七月から東亜日報の百回のエスペラント講座を実施したこともある。民族主義者で教育者でもあった白南奎は、一九一九年の三・一独立運動後の同年

六月にジョン・ヒョンソブ（ジョン・ファアム）と鄭鳳洙と協議して、李基順を上海に派遣して独立運動についての熱意を各地に拡散する一方で、日本留学生の代表であった李丁奎、李鐘斎と連絡をとった。朝鮮において、三・一独立運動は民族運動史における画期的な分水嶺であり、その後の上海臨時政府の設立と社会主義運動の抗日戦線ができあがった。また、独立宣言後、多くの朝鮮の青年たちがアナーキズムに関心を寄せていた。日本でも、一九二一年から数年間は大杉栄を中心としたアナーキズムの全盛期にあたり、多くの朝鮮の留学生がアナーキズムに出会うようになった。その中で、金山（本名は張志楽）と曹奉岩も、当時最も注目した理念がアナーキズムであったと述懐しているように、アナーキズムは朝鮮解放の一つの有力な理念であったし、新たな社会への移行のための思想でもあった。

柳子明[19]は一九一九年六月に上海に亡命して申采浩に出会ってから彼を師匠として仰ぎながら、親密な関係を続けた[20]。柳子明は申采浩とともに住みながら、金ウォンボンを団長とする義血団の『朝鮮革命宣言』を一カ月で完成させた。『朝鮮革命宣言』によって義血団は暗殺や破壊活動を過激冒険主義として批判したことを修正し、義血団活動の正当性の確保、および活動路線と理念的指標を明確に成立することによって義血団が最定立された。李フェヨン、李丁奎、李乙奎、申采浩などにアナーキズム思想を伝達するにおいて柳子明は重要な役割を果たした。

一九二〇―三〇年代の東アジアにおいて、とくに朝鮮という地政学的な位置からエスペラントは当時の知識人の思想的な不足を補う一つの言語として存在した。日清戦争後、帝国勢力によって没落する中国を目のあたりにした朝鮮の知識人にとって、中国語はかつての威信が色落ちし、逆に日本語は植民地における立身出世のための言語となり、英語ももう一つの帝国主義の言語として影を潜めていた。しかし、エスペラントは言語的側面とは別に、国内の知識人に思想的な側面における新たな社会のための同伴者的な役割として存在し、知識人の新たな知的蓄積のための言語として展開された(21)。

三、北東アジアのアナーキズムとエスペラント運動の展開

一九二〇年代の北京において、アナーキズムとエスペラントに接した李丁奎(22)の生涯をみると、アナーキズムが追及する理想社会の夢を捨てず絶えずの試みが見られる。彼は、中国国内の朝鮮人アナーキズム運動において重要な役割を担当した。一九一九年東京で留学生が主導した二・八独立宣言と国内での三・一独立運動期間中、日本朝野への通告文を印刷配布し、資金を調達するなどの活動をした。一九一九年三月末に帰国して臨時政府の組織に関する情報を入手してから、すぐ新義州と安東を経由して奉天、南京を経て四月中旬に上海に到着した(23)。

彼の初期の運動は朝鮮の独立のための民族主義的傾向が強かったが、共産党入党とロシア行きを止め、アナーキストの道へと進んだ。彼の思想的な転換においてエスペランティストのアナーキストとの出会いと北京での生活が何よりも大きく作用したかもしれない。一九二三年中

国国内で河南省の農村を舞台に理想社会を建設しようとして失敗してから、上海労働大学への参加、および一九二八年六月に福建省で中国のアナーキストと連帯して理想社会の実現を目指した農村共同体の農民運動に積極的に参加した。このような運動の経験から、解放後は朝鮮農村自治聯盟と労働者を中心とする大衆組織の朝鮮労働者自治聯盟を組織した。

北京においては、イ・フェヨンの宿舎を中心とした朝鮮人アナーキストの集会があった。北京大学は外国の進歩的な思潮が流入して議論される場所でもあったため、国際的な集会が度々開かれた。北京大学を拠点にして、魯迅[24]やエロシェンコ、李丁奎、李乙奎兄弟をはじめ鄭華巌、ベク・チョンギ、ユ・リム、イ・フェヨン、柳子明、キム・ウォンボンなどが交流活動を展開した。とくに李丁奎は、当時アジアインターナショナルの組織建設に取り組みながら、エスペラント教育の中心に置かれていた。彼は、一九二三年に中国人の陳昆山と「北京世界語専門学校」の設立に関わりながら、アナーキズム運動にも積極的に参加した。

エロシェンコは、『東亜日報』の「エスペラント固定欄」、「世界の平和一、二、三」に一九二四年一〇月一三日、二〇日、二七日三回にわたって連載した。[25]日本は三・一独立運動を契機に一九三〇年以前までの植民地朝鮮に対する武力統治を文化統治へと転換した。このような社会的背景の変化によって、『東亜日報』の「エスペラント固定欄」のような革新的な言論や文章は進歩的な知識人によって多く作られた。当時、『東亜日報』の編集作業は、エスペランティストの洪明熙[26]と朴憲永[27]が担当していた。計四七回にわたって、韓国人のエスペランティストだけでなく、ロシア、日本などのエスペランティストの投稿がエスペラントで『東亜日報』や『朝鮮日報』など各主要新聞に掲載された。

一九三〇年代末、朝鮮国内のアナーキズム運動に対する日本の弾圧は極端に達した。当時のアナーキストの運動は、読書会とアナーキズム書籍関連の出版活動に集中された。一九三〇年代は日本の満洲進出によって、朝鮮半島はその兵站基地化にされて、日本軍国主義の弾圧は一層強まった。アナーキズム運動だけではなく、朝鮮国内のほとんどの社会運動は厳しい弾圧に晒されて、独立のために声を上げていた知識人の変質が目立った。この頃、韓国のアナーキストの一部は獄死し、一部は監獄に収監されていた。たとえば、申彩浩は旅順監獄に、李丁奎と李乙奎兄弟、柳林は中国から国内に送還された。伊川自由会、昌原黒友聯盟、済州島宇利契、真友聯盟、朝鮮無政府主義者聯盟などに参加した多くの運動家が投獄されて、国内のアナーキスト陣営はほぼ壊滅の状態であった。李革はキョンジ洞で二〇世紀書房を経営し、近代史上研究所という名称でエスペラント講習と日本アナーキスト雑誌『自由聯合新聞』の京城支局などを運営しながら、国内のアナーキストの連絡先の役割[28]を果たし、新東方誌を刊行し、ユ・ヒョンテとともに京城黒色青年聯盟の組織とその機関紙黒旋風の刊行を試みた。

一九三二年九月、金亨潤はアナーキズムの専門書籍を刊行するために、趙重福、李丁奎などと協議して、趙重福が資金を提供することになり、自由出版社を設立するための準備をしたが、途中で挫折してしまった[29]。洪享義は一九三三年に「黒友聯盟」に加盟して、ハン・ハヨン、洪性煥が創立した『自由コミューン』を編集し、一九三七年には朝鮮エスペラント文化社を創立して、『Korea Esperantisto』を創刊してエスペラント普及に携わった[30]。一九三八年には、梁熙錫、高インチャン、李会鐘を中心に先駆読書会が組織された。

朝鮮半島のアナーキズムの運動史において、大邱は他の地域よりは新しい思潮の影響が大きいところであった。大邱は朝鮮時代の嶺南学派を中心とした儒教的な伝統が根強い地域でもあったし、常に思想史の中心にあった。アナーキズムもその例外ではなかったが、エスペラントも大邱を中心に組織され、広がっていた。

一九二〇年代半ば、朝鮮国内には三つのアナーキスト組織があった。ソウルと忠州を中心とした黒旗聯盟、大邱を中心とした真友聯盟、北部地域を中心とした黒友会とピョンヤンを中心とした朝鮮共産党無政府主義者聯盟の全国アナーキズム組織があった。そのなかで、一九二五年九月に組織された真友聯盟は東京の朝鮮人が主導した佛霊社事件で免れたソ・ドンソンとバン・ハンサンなどは、朴烈の意志を継承するために聯盟を組織してから、シン・ジェモが指導した大邱労働親睦会を支配権内に包摂するなど、労働組織に浸透する活動を展開した[31]。一一月には市谷刑務所に収監された朴烈と金子文子を面会させ、大阪・名古屋・東京などの地域で自我人社の栗原一男、椋本運雄などと交流しながら、日本人団体と密接な関係を維持した[32]。

とくに一九二六年朴烈の妻である金子文子が監獄で死亡すると、その遺骨を埋葬するために、栗原一男、布施辰治などの日本のアナーキストが大邱を訪れた際に、一九二六年四月、朝鮮と日本のアナーキストが協力して暗殺破壊団を組織して、上海遠東無政府主義者総同盟と連絡してテロと暗殺などのような直接行動の具体的な闘争の目標と理念を確実に表明した。とくに、大邱の真友聯盟事件の首謀者の大部分（シン・ジェモ、ハ・ゾンジン、ハ・ギョンサン、キム・ジョングンなど）が安義出身で、青年会を組織して会館を建立し、ソン・ミョンピョ、チェ・リュン、チェ・テェホなどの指導のもとで、農民と婦女に対する夜学とエスペラント講習会を開催した。(33)

これを契機に大邱で、キム・ジェヒョン、イ・ジンオン、ハ・ギョンサン、チエ・ヨンジュン、ウ・ハンリョンなどがアナーキズム研究会を組織した。また、一九二六年に真友聯盟に加入したチェ・ヘチョン(34)の場合、弾圧によって聯盟員が投獄された空白期である一九三〇年代からソン・ミョングン、イ・サンギル、チャ・テウォン、ソン・ドク、ベ・ヨンアム、ソン・ギチャンなどとアナーキズム研究グループを作って運動を続けた。その後、チェ・ヘチョンは大邱青丘大学を設立してエスペラント講座を開設して韓国のエスペラント普及に大きな貢献をした。

このように、日本の植民地期において、大邱を中心にエスペラント運動が活発に展開され、一九四五年以後には、大邱を中心に最初の組織的な再建が始まった。これは、植民地期のアナーキスト組織である真友連盟やプロレタリア・エスペラント運動の潜在的な勢力が、解放によって大邱で迅速に復活したからである。(35)

一九三〇年代と解放を経ながら、朝鮮のアナーキストは社会的混乱のなかで、熾烈な思想的葛藤に陥った。一部のアナーキストは、アメリカとソ連の異質的な二つの存在が共存し、ポスト植民地においても植民地の残在が温存している状況を把握し、国土と民族が分断される危険を予測していた。これを克服する課題が山積した時代的背景において、エスペラント運動はだんだんと遠ざかっていった。他方で、アナーキストたちは、ボルシェビズムの共産主義者と民族主義者から批判の的となっていた。そして、分断後のアナーキズム運動においては、北朝鮮でも韓国でも思想的な改宗が多くみられる受難の歴史とともに新たな闘争の歴史を切り開くことにもなる。

おわりに

一九二〇年代に北東アジアのアナーキストたちが国際性を帯びながら活発に活動した背景には、アナーキズム思想とともにエスペラントが中心的な役割をしていた。北京には、ロシア人エロシェンコや魯迅・巴金、さらには中国国内のアナーキストグループだった「新世紀派」、朝鮮のアナーキストたちが、国境を越えて交流し共闘していた。彼らは、エスペラントで語り合い、書信をやり取りした。エスペラントは、アナーキストが国家を越えて連帯するためには不可欠の共通言語であった。

本稿は、近代の朝鮮半島におけるエスペラント運動と国際連帯活動の歴史を考察した。ここで、本稿の論点をまとめておく。

第一に、エスペラント運動はアナーキズム運動と連動しながら展開された。アナーキズム運動は、共産主義（ボルシェビズム、即ちマルクス・レーニン主義）とは異なる第三の道を志向しながら、資本主義社会と対決した。アナーキストたちは、エスペラントを通じて国際連帯活動を実践した。アナーキストは民族主義や国家主義が盛んな時代には、民族主義・国家主義に対する最も辛辣な攻撃者となった。ボルシェビズムの前では、「権力集中の政治体制」を認めなかった。いかなる国家もアナーキズムと共存することができなかった。アナーキズムは反体制の思想としてしか生きることができなかったから、いずれの国家においても排除の対象だった。

第二に、一九二〇年代の北東アジアでは、国際的紐帯を通じてエスペランティストとアナーキストが活躍した。彼らは中国やロシア、日本、台湾のアナーキストと密接な交流をしながら、国際連帯活動を展開した。とりわけ、エスペラント学習を通じて他国のアナーキズムを受容し、思想的な交流を実践した。(36)

第三に、朝鮮では中国と日本を通じてアナーキズムが導入され、ボルシェビズムよりも早く伝播した。日清戦争後の朝鮮の知識人にとっては、中国語は旧宗主国の言語として輝きを失った。日本語はあらたな宗主国の言語として批判され、英語はもう一つの帝国主義の言語として歓迎されなかった。他方で、エスペラントは、朝鮮の知識人にとっては、新たな社会思想により沿う「伴走者」となった。朝鮮の知識人にとっては、新たな知的蓄積のための言語となったのである。[37] 朝鮮国内では、エスペラントは民族主義的知識人を中心に、多様な分野でエスペラントの使用者が出現した。他方で、中国ではエスペラントはおもに独立解放のための連帯の道具として民族主義者や社会主義者によって使用された。

最後に、二〇世紀の北東アジア社会におけるアナーキズムの思想的役割を位置づけるとどうか。アナーキズムは、抑圧された民衆の解放のための民衆史観であり、民族主義者たちの一国内の社会運動の限界を突破した国際的連帯運動であった。北東アジアでは、中国・朝鮮半島・日本のアナーキストの連帯運動であった。[38]

注

（1）エスペラントとは、一八八七年にザメンホフが公表した人工の国際語である。母音五、子音二三、一字一音の原則に従いアクセントの位置は一定である。語彙はロマンス語系を中心に当初は九〇〇語から成り、少数を除いてすべて多音節語である。文法は容易で規則的で、表現に弾力性がある。その実用性とその理想に共鳴する熱心な支持者を得たため、国際語の試みのうち唯一現在まで残り、支持者（エスペランティスト）は現在世界中に一〇〇万人程度いるとされる。

（2）エスペラント運動とアナーキズム運動の関連性については、以下の拙稿を参照されたい。「中日戦争期的世界語運動与抗戦救国宣伝運動」『抗戦文史研究』重慶出版社（二〇一〇年）、「北東アジアにおけるエスペラント運動と国際連帯活動」『変容する華南と華人ネットワークの現在』風響社（二〇一四年）、「東アジアにおけるエスペラント運動」『アジアの相互理解のために』創土社（二〇一四年）、「戦間期の中国知識人が考えた『世界語』としてのエスペラントと国際連帯」『歴史・文化からみる

東アジア共同体』創土社（二〇一五年）。また、本稿の執筆にあたっては、안종수『에스페란토, 아나키즘 그리고 평화』선인（アン・ゾンス『エスペラント、アナーキズムそして平和』）、二〇〇六年、김삼수『한국에스페란토운동사』숙명여대출판부（キム・サムス『韓国エスペラント運動史』）、一九七六年を参考した。

（3）反「国粋之処分」『新世紀』第四四号、一九〇八年。

（4）조세현『동아시아 아나키즘、그 반역의 역사』서울：책세상（ゾ・セヒョン『東アジアのアナーキズム、その反逆の歴史』ソウル：チェッセサン）、二〇〇一年、七九頁。

（5）この雑誌は新世紀派である師復によって発刊された。発刊第一号と第二号の名は、『晦鳴録』（別名は「平民の声」）であった。

（6）「中国の同志師復が、上海に潜入しエス・漢併用のアナーキズム運動誌『民声』を週刊で出し始めている。応援に行かないか」という内容の大杉からの手紙であった。山鹿泰治は中国上海で民声雑誌発刊を六カ月ほど手伝っている（向井孝『山鹿泰治　人とその生涯』東京：青蛾房、一九七四年、三七頁）。

（7）김삼수『한국에스페란토운동사』서울：숙명여대출판부（キム・サムス『韓国エスペラント運動史』ソウル：淑明女大出版部）、一九七六年、二四一頁。

（8）오장환「1920년대 재중국 한인 무정부주의운동――무정부이념의 수용과 독립투쟁이론을 중심으로」『국사관논총』25집、국사편찬위원회（オ・ザンファン「一九二〇年代の在中韓人無政府主義運動―無政府理念の受容と独立闘争理論を中心に」『国史館論叢』二五、国史編纂委員会）、一九九一年、四八頁。

（9）이호령『한국인의 아나키즘 수용과 전개』서울대학교 박사학위논문（イ・ホリョン『韓国人のアナーキズムの受容と展開』ソウル大学博士学位論文）、一九九九年、七頁。

(10) 一九二八年六月一四日、南京で韓国、中国、日本、台湾、ベトナム、インド、フィリピンのアナーキスト約二〇〇名によって「東方アナーキスト聯盟」が創設された。書記局委員として、韓国の李丁奎、日本の赤川啓来、中国の王秀殷を選出し、『東方』という機関誌を発行することにした。

(11)「韓国におけるアナーキズム運動は、中国や日本のように社会主義・ボリシェビズムという新しい社会思想の受容のための前奏曲に当たるものではなく、むしろ過激なソ連のボリシェビズムの共産主義に対応するための対案として受容された」(シン・インチョル『한민족독립운동사 한국무정부주의운동』第四巻、국사편찬위원회、一九八八年、五〇六頁)。

(12) 이종영『한국에스페란토운동 80년사』서울:한국에스페란토협회(イ・ゾンヨン『韓国エスペラント運動八〇年史』ソウル:韓国エスペラント協会)、二〇〇三年、三一頁。

(13) 前掲『한국에스페란토운동사』、五二頁。

(14) 前掲『한국에스페란토운동 80년사』、三四頁。

(15)『역사신문』역사산문편찬위원회(『歴史新聞』歴史新聞編纂委員会)、二〇〇四年、四二頁。

(16) ボルシェビキに文壇を掌握されたアナーキスト文芸家は、文芸論の論争を通じて、朝鮮の文学史の深さと幅を広めるのに寄与した。ボルシェビキ文芸論者はKAPFの会員で、アナーキストを除名してから論争を終わらせた(오장환『한국아나키즘운동사 연구』국학자료원(オ・ザンファン『韓国アナーキズム運動史研究』国学資料院)、一九八八年、八五頁)。

(17) 一九二〇年六月に天道教で創刊された月刊誌『開闢』では、一九二二年四月号に金億の「国際共通語について」を掲載し、同年九月号から一二月号までは四回にわたって、「エスペラント自修室」という欄を連載した。

(18) 前掲『한민족독립운동사3・1운동』、二〇三頁。

(19)柳子明は、朝鮮戦争のために帰国を果たせず、中国湖南省長沙で大学教授として勤めながら、漢の時代の墓である馬王諦で発掘された種の品種や形態についての分析などに参加した。また、雲南省と貴州省などの高原地帯で発掘された野生の稲と新石器時代の出土物の研究を通じて、六〇〇〇年前にすでに稲の栽培が始まったと主張した。この稲栽培の起源説は今日の中国学会においても有力な学説として定着している。その後、雲南省高原地帯で最初の特殊な稲作栽培に成功して農学博士学位を授与された。後に湖南農業大学園芸学科の名誉主任と中国園芸学会名誉理事長に選出された。

(20)柳子明『我的回憶』遼寧民族出版社、一九八三年、三八頁。

(21)『동광』第九―一五号には金億の「エスペラント講座」がシリーズとして連載された。また、鐘路青年会でも度々エスペラント講座が開設されたことは、「青年諸君にエスペラントを伝える」という記事からも明らかである(『東亜日報』一九二〇年六月二四日)。

(22)一九二一年四月末頃、中国への亡命を決意して李乙奎、鄭華岩、李愚升、陳壽麟、崔益秀、李鐘洛などとともに、奉天、北京を経由して漢口を経て五月中旬に上海に到着した。同年一〇月初旬上海に滞在していた李丁奎は、李乙奎、鄭華岩といっしょにロシアの遠東大学に入学する計画で呂運亨を探しにいったが、共産主義思想が確実ではないと紹介することは難しいという答弁を聞いて、安秉瓚に頼んだ。安秉瓚はキム・マンギョムを紹介して、キムからまず共産党に入党してイルクーツク極東人民大会に参加した後に、遠東大学への入学を勧められた。李丁奎は、李乙奎、鄭華岩とともに入党申請書を提出し、上海を出発した。ロシアへ行く途中の北京で、柳子明に出会い、上海派とイルクーツク派間の争いのために危険だという柳子明の制止で、ロシア行きを放棄した。この頃から李丁奎は北京に留まり、翌年の一九二二年に北京大学経済学部二学年に編入した(오장환『이정규의 아나키즘운동』국사편찬위원회(オ・ザンファン『李丁奎のアナーキズム運動』国史編纂委員会、一八二頁)。

(23) 前掲『이정규의 아나키즘운동』、一八一頁。

(24) 魯迅の作品は、安重根の甥である安遇生によってエスペラントに翻訳して出版された。

(25) 박환『식민지시대 한인아나키즘운동사』선인출판사(パク・ファン『植民地時代韓人アナーキズム運動史』ソンイン出版)、二〇〇五年、二四―二五頁。

(26) 一九一八年頃、上海と北京に滞在しながら、申采浩と再会して生涯の交流を重ねた。一九二三年に朝鮮エスペラント協会主催の中等学校において開催されたエスペラント講習で講師として活動した。

(27) ハンガリーの医師の指導のもとでエスペラントを学んだ朴憲永は、上海で社会主義運動中に検挙されて一九二二年から約一年半収容されたが、収容所でエスペラントを習得した(前掲『한국에스페란토운동 80년사』、三五頁)。

(28) 前掲『한국아나키즘운동사 연구』、一九六頁。

(29) 구승회『한국아나키즘100년』이학사(グ・スンフェ『韓国アナーキズム一〇〇年』)、二〇〇四年、二〇四頁。

(30) 前掲『한국에스페란토운동사』、四〇〇頁。

(31) 三・一独立運動の直後日本に渡って佛霊社組織、金子文子とともに天皇の皇太子結婚式場に爆弾を投じようとした理由で死刑を言い渡された後に、無期懲役に減刑されて二三年間収監された。一九四五年の終戦によって、釈放されて朝鮮戦争期に北朝鮮に渡り、一九七二年まで生存したと伝えられている。

(32) 植民地朝鮮を愛した日本帝国のアナーキストで、朝鮮人のアナーキストである朴烈の妻であった。天皇制に反対して、皇太子に爆弾を投じようとした罪で死刑判決を受けた。天皇制を認める転向の要求を最後まで拒否し続け、アナーキストとしての道を選択した。その後、無期懲役に減刑されたが、三カ月後自ら命を絶った（『朴烈・金子文子裁判記録』黒色戦線社、一九九一年を参照）。

(33) 前掲『한국아나키즘100년』、一九二頁。

(34) チェ・ヘチョンは、一九二二年大邱口頭普通学校三年生の時、シン・ジェモからエスペラントとアナーキズムを習得して大杉栄やクロポトキンの著作を通じて、アナーキズムを幅広く学んだ。少年革進団を組織して抗日運動を展開したことで、退学処分になった。一九四五年以後、大邱で教育運動に参加して、青丘大学学長の時、ホン・ヨンイによって大学で最初にエスペラント講座を実施したが、朴政熙政権によって後に嶺南大学に合併される歴史的受難を経験することになった（チェ・イクヒョン『한국에스페란토운동의 후견인 야청 최해청 선생』한국에스페란토협회（チェ・イクヒョン『韓国エスペラント運動の後見人チェ・ヘチョン先生』）、二〇〇四年、四六頁、一〇二頁）。

(35) 前掲『한국에스페란토운동 80년사』、六九頁）。

(36) 前掲『식민지시대 한인아나키즘운동사』、二九頁。

(37) 『동광』第九～一五号には金億の「エスペラント講座」がシリーズとして連載された。また、鐘路青年会でも度々エスペラント講座が開設されたことは、「青年諸君にエスペラントを伝える」という記事からも明らかである（『東亜日報』一九二〇年六月二四日）。

(38) 前掲『한민족독립운동사　한국무정부주의운동4』、五〇六頁。一九二八年六月一四日、南京で韓国、中国、日本、台湾、ベトナム、インド、フィリピンのアナーキスト約二〇〇名によって結成された「東方アナーキスト聯盟」が創設された。書記局委員として、韓国の李丁奎、日本の赤川啓来、中国の王秀殷を選出し、『東方』という機関誌を発行することにした。韓国におけるアナーキズム運動は、中国や日本のように社会主義・ボリシェビズムという新しい社会思想の受容のための前奏曲に当たるものではなく、むしろ過激なソ連のボリシェビズムの共産主義に対応するための対案として受容された。

第13章　沖縄からみた東アジアの平和

小野百合子

はじめに

東アジアの平和をどのように構想していくか、そのなかで日本がどのような役割を果たすべきかを考えるうえで、戦後日本国家の基軸となってきた日米安保体制および在日米軍基地の問題は、避けて通れない課題である。なぜ冷戦終結から四半世紀を経てもなお、日本は多くの米軍基地を抱えているのだろうか。そして、このことは東アジアの平和的共存にとってどのような意味をもつのだろうか。しかし、私たちがこれらの点に考えをめぐらせる機会は意外なほど少ない。米軍基地を抱える社会にあって、その存在をさほど意識することなく日常生活を送れているとしたら、それはなぜなのだろうか。そう考えたとき、在日米軍基地の負担が日本本土から遠く離れた沖縄に集中し、その負担感を日本社会が共有していないのではないかという疑問に突き当たる。在日米軍基地を抱える社会に暮らしながら、日本社会や東アジアに基地がもたらす影響について関心が希薄なのは、在日米軍の沖縄への過度な集中とそれを黙認する思考様式と表裏一体の関係にあるのではないだろうか。

本稿では、在日米軍基地が沖縄に集中している現状と、在日米軍基地をめぐる事象があたかも「沖縄（の）問題」であるかのように認識されている問題について検討してみたい。沖縄県は全国四七都道府県の一つとしていまや「他府県」と何ら変わらない位置にあり、自然や文化の面でプラスのイメージさえ持たれている。筆者が講義において、近代以降に沖縄の人々が体験した「他府県」の人々による差別の事例に触れると「信じられない」という声が挙がるが、他方で、沖縄が抱える米軍基地の過重負担に対しては「ほかに移転できない以上しようがない」とする意見が根強い。沖縄に対する過去の「差別」を「信じられない」としながら、沖縄社会が基地の過重な負担に苦しむ事態を「しようがない」と追認することを「差別」と感じないこうした思考様式が、沖縄への過重な基地負担を継続させている一因なのではないだろうか。

二〇一四年一一月の沖縄県知事選挙で名護市辺野古への新基地反対の意思が示されたように、沖縄に過重な軍事負担を強い続ける日本政府および日本社会と、これに明確な拒否の姿勢を示す沖縄社会との溝が、かつてなく深まっている。これまで沖縄が過重に背負わされてきた在日米軍基地を日本社会がどのように分担するのか、基地問題＝「沖縄問題」とする認識枠組みの見直しが求められている。本稿では、第一節で、世界に展開する米軍基地における在日米軍基地の位置づけと、沖縄社会における在日米軍基地をめぐる議論を概観したうえで、第二節では、沖縄に米軍基地が集中していく二つの時期を取りあげる。これによって、日本社会における米軍基地をめぐる議論と在沖米軍基地問題とが密接につながっていることを検討してみたい。そのうえで第三節では、在沖米軍基地問題を「沖縄問題」として個別化する思考をいかに乗り越えるかを展望する。

一、在日米軍基地の現在

1．米軍基地が集中する日本

まず確認しておきたいのは、冷戦終結から四半世紀を経た現在、日本は世界でも米軍基地が集中する国になっていることである。

アメリカ国防総省のデータによると、二〇〇九年九月三〇日現在、米軍は本国と海外領土（グアムやプエルトリコなど）を除く海外の三四カ国、四地域の六六二カ所に基地を設置している（イラクとアフガニスタンを除く）。これらの基地を資産価値によって三つのランクに分けると、最も大きな基地（一七億一五〇〇万ドル以上）に分類されているアメリカ国外の基地は二〇あり、このうち上位四つを含む八つが日本に集中している。基地の資産価値を国別に集計すると、アメリカ国外で最も多いのは日本となる。かつてトップであったドイツで冷戦終結後に基地縮小が進んだのに対して、日本では年々増大して二〇〇八年にドイツを追い抜き、二〇〇九年には大きく引き離した。駐留軍人数の面でも、米軍は世界各地に展開しているものの、一〇〇〇〇名以上が駐留しているのは二〇一〇年一二月末の時点で一〇カ国にすぎず、一万名以上となるとドイツ、日本、韓国の三カ国のみである。しかも、ドイツや韓国が駐留人数を大きく減少させているなかで日本のみが微減となっており、いまや「日本は最も米軍基地が集中している国」となっている[1]。

主権国家である日本に外国の軍隊（米軍）が駐留しているのは、アジア・太平洋戦争の敗戦によって占領された日本が、サンフランシスコ講和条約によって独立を果たす際、同時に結ばれた日米安全保障条約（日米安保条約）で米軍の駐留を許したためである。政権交代などによって米軍基地が撤去された例が世界各国でみられるなか、日本では占領終結から六〇年以上を経た現在も米軍が駐留を続けており、その規模は世界でも群を抜くまでになっている。私たちは、この事実をあらためて自覚する必要があるだろう。在日米軍が日本を守っていると考えるにせよ、そうではないと考えるにせよ、これほどまでに米軍が集中している国に私たちは暮らしているのであり、米軍駐留に必要な「施設及び区域」（米軍基地）の提供をはじめとし、騒音や環境破壊、米軍による犯罪といった軍事基地がもたらす様々な負担を抱えている。

そこであらためて、私たちは米軍の存在や米軍基地がもたらす負荷を実感しながら暮らしているのかどうかを考えてみたい。米軍基地は日本全国で均等に負担されているわけではなく、沖縄県がその負荷をもっとも集中的に負わされている。その沖縄でいま、大きな変化が起こっている。

2. 沖縄社会と米軍基地―二〇一四年一一月の沖縄県知事選挙の意味

二〇一四年一一月に行われた沖縄県知事選挙では、辺野古への新基地建設阻止を掲げた翁長雄志が、新基地建設を容認した現職の仲井真弘多に大差で勝利した。従来の沖縄県知事選挙では、日米安保体制と在沖米軍基地を容認する保守派と、それらに反対する革新派とが激突してきた。しかし、今回の候補者はともに保守派であり、「オール沖縄」で新基地建設を拒否しようと訴える翁長を革新諸勢力が支持、沖縄経済界は両陣営に分かれた。なぜこのような事態が生じたのか、平良好利は、こうした「保守分裂」「オール沖縄」の動きを「沖縄保守」の系譜のなかで分析している(2)。

平良によると、基地返還の可能性が低く、基地依存経済であるがゆえに沖縄県民の基地への受忍限度が比較的高かった西銘順治県政期（一九七八―一九九〇年）は、基地問題よりも経済を重視し、日本政府と協調することで予算を得ながら経済振興に励む「沖縄保守」の論理がもっともよく適合した。しかし、冷戦終結による在沖米軍基地の存在根拠の揺らぎや返還可能性の増大、基地への経済依存度の低下や基地の過重負担に対する県民の関心の高まりといった環境変化のもと、普天間基地移設問題が争点となった稲嶺恵一県政（一九九八―二〇〇六年）

は、沖縄住民と日本政府とのはざまで苦悩することになった。その後、状況はさらに変化し、米軍再編や鳩山政権による普天間基地の県外移設の模索、在沖海兵隊の「抑止力」への懐疑などが生じるなかで、辺野古への新基地建設の自明性や正当性は減じていった。また、沖縄経済の基地依存度は、復帰時の一五％から五％にまで下がり、基地の跡地利用の実積も着実に積み上げられるなか、米軍基地を沖縄経済発展の「阻害要因」とみる認識が広がっている。

沖縄社会のこうした変化にもかかわらず、辺野古への新基地建設を強行する日本政府と、新基地拒否の県民世論との間で、「沖縄保守」が行き詰まりをみせたのが仲井真県政（二〇〇六―二〇一四年）である。日本政府との連携を維持して辺野古への新基地建設を容認し、経済振興予算を獲得した現職の仲井真は、「オール沖縄」で結束して新基地建設を撤回させようとする翁長に敗れた。このことは沖縄がいま、長らく続いてきた基地の過重負担と財政依存からの根本的な脱却を図ろうとしていることを示している。[3] 沖縄社会にとっての米軍基地は、もはや「苦渋の選択」の末に受け入れざるをえないものではなくなっている。沖縄社会において、米軍基地は沖縄発展の阻害物であり、日本社会によって応分に負担されるべきものとみなされつつあるのである。こうしたなかで、沖縄に基地という過重な軍事負担を押しつけ続けてきた日本社会の「差別」の問題が、あらためて浮き彫りになっている。

日米安保体制が継続する以上、日本は米軍駐留のための「施設及び区域」を提供し、軍事基地が社会にもたらすさまざまな負担を引き受けなければならない。しかし、沖縄のみにその負担を負わせながら日本社会は日米安保体制の「恩恵」のみを享受しているとしたら、しかも自らも負うべき負担を他者に押しつけていることに鈍感であり続けるならば、それは明らかな「差別」ではないだろうか。ここで重要なのは、沖縄への米軍基地の集中という事態は、日本社会の米軍基地をめぐる世論のあり方と密接にかかわっていることである。そこで以下では、日本社会において米軍基地の問題が大きな関心を呼んだ二つの時期について、沖縄への基地の集中との関係性を検討したい。一つは一九五〇年代半ばから後半にかけて、もうひとつは一九六〇年代後半から一九七〇年代にかけてである。

二、沖縄への米軍基地のしわ寄せと日本社会

1. 一九五〇年代半ばの基地反対闘争と沖縄

一九五二年四月二八日に発効した講和条約によって独立を果たした後も、日米安保条約によって日本には引き続き米軍が駐留することになった。独立を達成したにもかかわらず、占領中と変わらず日本各地で軍事演習や土地接収を強行する米軍の存在は、基地周辺の住民との間に摩擦を生じさせたばかりでなく、日本社会全体の反発をも引き起こしていた。米軍によって生活の場を奪われた周辺地域の農民や漁民たちの反対運動は、全国的な注目と支援を集めるこ

とになり、一九五五年六月には全国軍事基地反対連絡会議が発足、基地反対闘争の全国的な連携も図られるようになった(4)。

このころ米軍統治下の沖縄では、米軍による強制的な土地接収が続いていた。アメリカの軍用地政策に、沖縄側は地代の一括払い反対、適正補償、損害賠償、新規接収反対の四原則を打ち出して対峙した。しかし、一九五六年六月に発表されたプライス勧告でこれらの要求が否定されたことから、後に「島ぐるみ闘争」と呼ばれる広汎な反対闘争が起こる(5)。六月二七日、日本政府に軍用地問題解決のための対米折衝を求める代表団が上京してきたことをきっかけに、日本社会においても沖縄の軍用地問題の解決を求める世論が盛り上がり、七月四日には東京で「沖縄問題解決国民総決起大会」が開催された【図1】。その背景には、日本社会全体に広がっていた米軍による土地接収への反発に加え、このとき進められていた日ソ交渉との関わりで領土問題への関心が高まっていたこと、また沖縄住民の訴えが、本土でもよく知られた沖縄戦の悲劇と二重写しとなって同情をさそったことなどがあった(6)。

日本社会における沖縄軍用地問題の解決を求める世論の高まりは、一九五六年七月八日の参議院選挙において、この問題を争点の一つに押し上げた。各政党にとって、沖縄軍用地問題にどのような態度を示すかが選挙結果に直接影響を与える重要課題となったのである【図2】。これを契機に、米軍統治下にあった沖縄に対する日本政府の関与が深まり、また、日本社会における基地反対闘争や反米感情の広がりはアメリカ政府に対日政策の転換を迫った(7)。在日米軍

図1　羽田に到着した沖縄代表団（岩手日報 1956年6月28日）

基地を安定的に運営できなくなることを懸念したアメリカは、日本に再軍備を求める圧力を緩和し、日本社会の経済的・社会的安定をはかることを優先するようになる。その一環として行なわれた米軍再編によって、地域住民との摩擦を引き起こす地上軍の撤退が進むなど、日本本土の米軍基地は大幅に縮小された。

しかし、日本社会から軽減された基地負担は他の地域へと転嫁されることになった。本土にいた第三海兵師団は沖縄に移駐して新たな基地を要求し、一九五四年に一六二平方キロメートルだった沖縄の米軍基地は、五八年には二六九平方キロメートルへと大幅に増加した[8]。一九五〇年代後半、日本本土では米軍基地面積が約四分の一に減少した一方で、沖縄の米軍用地面積は一・八倍となった。米軍

図２：『愛媛新聞』1956 年 7 月 2 日

図２：『熊本日日新聞』1956 年 6 月 30 日
『中国新聞』1956 年 6 月 30 日

基地が大幅に減少した本土では基地反対運動が収束・個別化し、米軍基地の存在もみえづらくなった。これに対し、沖縄では米軍基地の拡大と基地社会の形成が進み、米軍基地をめぐる本土と沖縄との情勢は大きく分岐した。(9) 日本社会における米軍基地に対する不満を背景に、沖縄軍用地問題の解決を求める声が高まったことによって、「沖縄問題」は日米両政府にとっての政治課題となった。しかし、そうした不満を和らげるために日本本土で行われた米軍基地の整理縮小が、結果的に、沖縄への基地のしわ寄せにつながったのである。

2. 沖縄返還問題と米軍基地

日本社会において次に米軍基地への関心が高まるのは、一九六〇年代後半から七〇年代にかけてである。ベトナム戦争の拡大による基地の使用活発化とベトナム反戦運動の高まりによって、在日米軍に対する批判的な世論が再び盛り上がりをみせるなか、ベトナム戦争の前線基地としての在沖米軍基地もクローズアップされた。ほぼ時を同じくして、沖縄返還を自らの政治課題に掲げていた佐藤栄作首相は、米軍が高い戦略的価値を見出している沖縄の施政権返還をどのように実現するかを模索しはじめた。一九六〇年の安保条約改定で日本本土の米軍基地には事前協議制の採用など一定の制限がかけられていたが、在沖米軍基地はそうした制限なしに米軍が自由に使用できた。沖縄基地に核が存在することは日本社会でも周知の事実であり、一九六八年には沖縄基地に戦略爆撃機B52が配備され、連日ベトナムへ飛び立っていた。

こうしたなかで、沖縄返還交渉においては、沖縄基地が「核抜き・本土並み」(の制約を課すこと)になるのかどうかが焦点となった。もし、在沖米軍基地に核が置かれたまま、米軍が自由に使用できる状態のままで沖縄の施政権が返還されたら、日本全体が米軍の作戦行動に巻き込まれ、核の被害を受けるのではないか。こうした強い懸念に配慮せざるをえなくなった佐藤政権は、一九六九年三月、在沖米軍基地から核を撤去することを宣言した。これによって、在沖米軍基地に対する日本社会の不安はひとまず取り除かれた。しかし、日本への復帰による米軍基地の過重な負担からの脱却を期待した沖縄は、在沖米軍基地の縮小をほとんどもたらさないかたちで施政権返還がなされる事態に直面することになった。「本土並み」に基地を整理縮小してほしいという沖縄の人々の声は届かなかったばかりか、沖縄への基地の集中がますます進んでいったのである。そして、この二段階目の沖縄への基地のしわ寄せもまた、米軍基地をめぐる日本社会の状況とかかわっていた。

ベトナム戦争を背景に、一九六〇年代後半の日本社会では、全国各地の基地で米軍の活動が活発化し、事故や騒音被害が続いていた。米原子力空母の佐世保入港をめぐる反対運動や米軍機の九州大学構内への墜落などが国民感情を刺激し、反米・反基地感情が急激に高まった。日米両政府は人口密集地で生じる反基地運動を懸念し、首都圏のアメリカ空軍基地を大幅に削減する「関東計画」を実施した。これによって都心から数十キロ範囲内の東京や埼玉を中心に六つの基地が返還された。それらの面積は沖縄の普天間基地の四つ分以上に相当する。しかも、正式合意から五年あまりという極めて短期間で返還が実現したのである[10]。

講和条約と安保条約が成立した当初、日本本土には約一三万ヘクタールの米軍基地があったが、先述した一九五〇年代後半の米軍再編によって、一九六〇年頃までに四分の一に減少して約三万ヘクタールとなった。一方で、沖縄では本土から海兵隊が移駐してきたために、この間に米軍基地は約二倍に増えた。一九六〇年代、日本と沖縄の米軍基地の面積はほぼ同じ規模であったが、沖縄の施政権返還が合意された一九六九年頃から、本土の米軍基地は急速に減少しはじめる。沖縄返還をはさむ数年間で、本土の米軍基地が約三分の一に減少した一方、沖縄では数％しか減らなかったため、在日米軍基地のおよそ三分の二が沖縄に集中するという、現在まで続く歪《いびつ》な構造が生み出された[11]。

本節でみてきた二つの時期、米軍基地が日本社会にもたらす負担や危険性への関心の高まりが日米両政府に在日米軍の再編を迫り、それによって本土の側の基地負担は軽減されてきた。しかし、それは単なる減少ではなく沖縄へのしわ寄せをもたらした。すなわち、現在まで続く沖縄の過重な軍事負担は、本土の負担軽減とセットで進行してきたのである。

ここである疑問が生じないだろうか。なぜ当該期の日本社会の人々は、沖縄への基地のしわ寄せに反対しなかったのだろうか。おそらくこの問いは、次のような問いと同義である。なぜ現在、沖縄の人々が反対の声を挙げているにもかかわらず、辺野古への新基地建設が強行されようとしているのだろうか。なぜ沖縄の過重な負担を日本本土でも均等に分担しないのだろうか。おそらく今から三〇年後、あるいは五〇年後、現在の日本社会に対して後世の人々は同じ疑問を抱くだろう。私たちはそのとき、どのように応えるだろうか。

三、在沖米軍基地問題の脱「沖縄」化に向けて

沖縄への軍事負担のしわ寄せが、本土の負担軽減と表裏一体となって進行してきたという歴史的事実から、私たちはどのような教訓を引き出すことができるだろうか。日本社会の米軍基地に対する不満を緩和するための措置が、沖縄への基地集中を招いてきたことは、日本本土の「平和」が沖縄の犠牲の上に成り立ってきたことを端的に示している。しかし同時に、この歴史的事実は、軍事基地に対する批判的な世論が一地域の枠を超えて広がるとき、負担軽減に向けた何らかの対策がとられてきたことを教えている。ここに現在の在沖米軍基地の問題を解決するカギがあるのではないだろうか。つまり、沖縄の過重負担の軽減に向けて重要なのは、沖縄の声を日本社会が共有し、負担軽減を求める世論が高まること、在日米軍基地の問題を「沖縄の問題」から「日本全体の問題」ととらえられるかどうかに関わっているのである。

先に述べたように、沖縄経済の基地依存度が低下し、基地は沖縄に置かれなくてはならないという固定観念を払拭しつつある沖縄社会は、これまで「苦渋の選択」として受け入れてきた米軍基地を、沖縄発展の阻害要因、本土も応分に負担すべきものとみなしはじめた。過重な負

担を沖縄にのみ押しつけるのではなく、日本社会にも分担してほしいという声を挙げはじめたのである。日本本土の軍事負担が軽減されて沖縄に転嫁された一九五〇年代半ばと一九七〇年前後の二つの時期、日本社会は自らの負担軽減が沖縄へのしわ寄せにつながったことを問題化しえたとはいえなかった。日本社会は今また、新基地建設に反対する沖縄の声を黙殺し、沖縄に対する押しつけと「差別」の歴史に新たな一ページを加えるのだろうか。それとも沖縄の声を共有し、在日米軍問題＝「沖縄問題」という認識を超えて日本社会全体の課題へと押し上げることで、在沖米軍の縮小に向けた一石を投じるのだろうか。

ここであらためて、東アジアの平和の問題に目を向けてみたい。日米両政府が沖縄の施政権返還に合意した一九六九年一一月に発表された日米共同声明には、韓国や台湾における有事の際、在日米軍の出撃をめぐる事前協議で日本側が前向きな対応を行うことが盛り込まれた[12]。在日米軍がアジアへと展開されうる事態が生じるようになったのである。第一節でみたように、現在、在日米軍の規模は世界でも突出しており、減少の兆候もみられない。さらに、二〇一五年現在、集団的自衛権の行使を可能にする安全保障関連法案をめぐり、日本社会は大きな転換点に立っている。こうしたことがアジアの人々の目にどのように映っているのか、米軍基地を多数抱える日本に暮らす私たちは考えなければならないはずである。在日米軍基地問題を「沖縄問題」とみなして傍観することは、沖縄の過重な軍事負担を黙認するだけでなく、こうした問題に正面から向き合う機会を逸することにもつながっているのである。

おわりに

本稿では、在日米軍基地の負担が日本本土から遠く離れた沖縄に集中し、その負担感を日本社会が共有していないのではないかという問題を検討するために、沖縄への米軍基地の集中が、本土の側の軍事負担軽減と一体のものであったことをみてきた。二度にわたる沖縄への米軍基地のしわ寄せは、在沖米軍基地に対する日本社会の無関心や黙認の問題を浮き彫りにするが、同時に、米軍基地に対して声を挙げることで事態を動かすことができるという歴史的教訓をも示している。私たちは沖縄の過重な基地負担の現状を、自身が軍事基地と隣り合わせの生活を強いられずにすんでいる状況と一体のものととらえなければならない。沖縄に過重に押しつけられている軍事負担は、「しょうがない」と追認できるものではなく、まさに「日本の問題」なのであり、そのような認識が広がったとき、在沖米軍基地をめぐる現状に何らかの変化をもたらすことができるはずである。

在韓米軍も、在日米軍（その大半、なかんずく地上戦闘部隊は沖縄に集中している）も、同じアメリカ世界戦略の中に位置付けられ、共通の、意図的にあいまい化された仮想敵をもつ。……だが、敵対関係を想定した一方の軍事力の増強は、当然、他方の軍事力の増強

を招く。その意味からすれば、基地に反対する闘いは、平和的共存への具体的実践的呼びかけである。(13)

米軍基地を沖縄に押しつけ続ける日本政府と日本社会への鋭い批判が沖縄社会で沸き起こっている現在、在日米軍基地問題を通じて、東アジアの平和共存のあり方をも考える転機を日本社会は迎えているのではないだろうか。

参考文献

NHK取材班『基地はなぜ沖縄に集中しているのか』NHK出版、二〇一一年。

新崎盛暉『沖縄現代史 新版』岩波書店、二〇〇五年。

林博史『米軍基地の歴史』吉川弘文館、二〇一二年。

注

(1) 林博史『米軍基地の歴史』吉川弘文館、二〇一二年、一―二頁。

(2) 平良好利「地域と安全保障―沖縄の基地問題を事例として」獨協大学地域総合研究所『地域総合研究』八号、二〇一五年三月。

(3) 前掲論文。

(4) 明田川融『沖縄基地問題の歴史』みすず書房、二〇〇八年を参照。

(5) 平良好利『戦後沖縄と米軍基地』法政大学出版局、二〇一二年、鳥山淳『沖縄 基地社会の起源と相克』勁草書房、二〇一三年などを参照。
（6）拙稿「「沖縄軍用地問題」に対する本土側の反響の考察」『沖縄文化研究』三六号、二〇一〇年三月。
（7）河野康子『沖縄返還をめぐる政治と外交』東京大学出版会、一九九四年を参照。
（8）林博史「基地論—日本本土・沖縄・韓国・フィリピン」『岩波講座 アジア・太平洋戦争7 支配と暴力』、岩波書店、二〇〇六年。
（9）加えて、一九六〇年の安保条約の改正で事前協議制が導入され、米軍が在日米軍基地から戦闘行動に参加することや、日本への核の持ち込みに制約がかかり、在日米軍基地を通じて日本が戦争に巻き込まれるのではないかという懸念が一定ていど払拭されたこともまた、日本社会において在日米軍基地への関心が薄れる一因となったように思われる。しかし同時に、日本本土の在日米軍基地に一定の制約がかけられたことは、米軍にとっては自由に使用できる在沖米軍基地の価値を高めることになった。
（10）NHK取材班『基地はなぜ沖縄に集中しているのか』NHK出版、二〇一一年、六六—七一頁。
（11）新崎盛暉『沖縄現代史 新版』岩波書店、二〇〇五年、三七頁。
（12）中島琢磨『高度成長と沖縄返還』吉川弘文館、二〇一二年を参照。
（13）新崎盛暉「沖縄の反基地闘争と東アジアの平和創造」徐勝編『東アジアの冷戦と国家テロリズム』御茶の水書房、二〇〇四年。

殷燕軍（イン・イェンジュン）関東学院大学経済学部教授
林博史（はやし・ひろふみ）関東学院大学経済学部教授

河棕文（ハ・ジョンムン）韓国・ハンシン大学日本学科教授
渡辺憲正（わたなべ・のりまさ）関東学院大学経済学部教授
鄧 捷（トウ・ショウ）関東学院大学文学部准教授
田中史生（たなか・ふみお）関東学院大学経済学部教授
佐藤佑治（さとう・ゆうじ）関東学院大学前文学部教授
大内憲昭（おおうち・のりあき）関東学院大学文学部教授
清晌一郎（せい・しょういちろう）関東学院大学経済学部教授
許寿童（ホ・スドン）中国・三亜学院社会発展学部副教授
佐治暁人（さじ・あきと）関東学院大学経済学部非常勤講師
崔学松（さい・がくしょう）静岡文化芸術大学文化政策学部講師
小野百合子（おの・ゆりこ）関東学院大学経済学部非常勤講師

アジア共同体と日本　和解と共生のために

2015年９月10日　初版第１刷発行

編者 ――― 殷燕軍・林博史
発行者 ―― 平田　勝
発行 ――― 花伝社
発売 ――― 共栄書房
〒101-0065　東京都千代田区西神田2-5-11出版輸送ビル2F
電話　03-3263-3813
FAX　03-3239-8272
E-mail　kadensha@muf.biglobe.ne.jp
URL　http://kadensha.net
振替 ――― 00140-6-59661
装幀 ――― 三田村邦亮
印刷・製本 ― 中央精版印刷株式会社

ISBN 978-4-7634-0751-1 C0036